이것만 알면 당신이 백을 쥔다

本因坊 武宮正樹 지음
프로바둑연구회 편

太乙出版社

이 책을 손에 넣은 독자에게

　이 책은 주로 하수(下手)에 있는 사람이 상수(上手)를 공략하는 방법에 대하여 서술한 '고급 바둑 지침서'라고 할 수 있다.

　접바둑에서 또는 맞바둑에서 흑돌을 쥐고 대국을 하는 모습이란 아무래도 타이틀을 향해 쫓아가는 도전자의 모습, 바로 그것이다.

　그리하여 이 책에서는 자기보다 앞서있는 상수(上手)를 따라잡기 위한 여러가지 비술(秘術)을 나름대로 전개, 설명해 보았다. 알뜰한 한 수가, 또는 날카로운 한 수가 당신의 바둑에 예기치 않는 활력소를 제공해 주는 수가 있다. 당신은 지금 어떠한 수순을 밟아야 할까? 당신은 지금 어떤 수를 택해야 할까?

　예리한 판단에 의한 당신의 멋진 한 수는 당신으로 하여금 백돌을 쥐고 상수(上手)의 자리에 앉게 만들 것이다.

　자, 그렇다면 당신이 지금 생각해야 할 점은 무엇인가? 당신이 염두에 두고 상대방을 압도해 나가는 비술(秘術)을 살펴 보기로 하자.

저　자　씀.

차 례 *

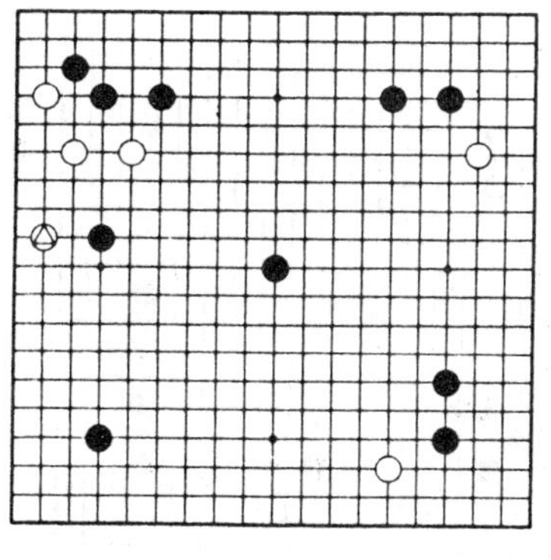

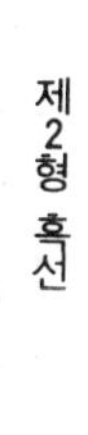

제1형 흑선

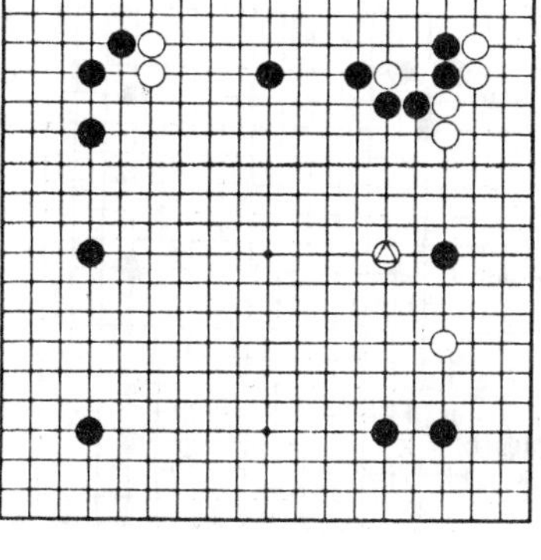

제2형 흑선

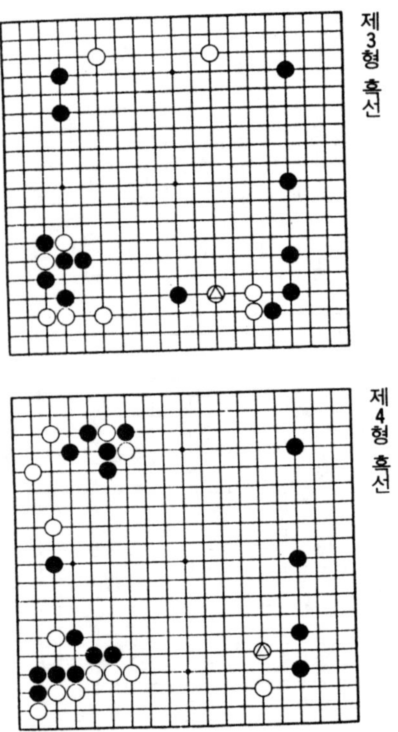

제3형 흑선
제4형 흑선

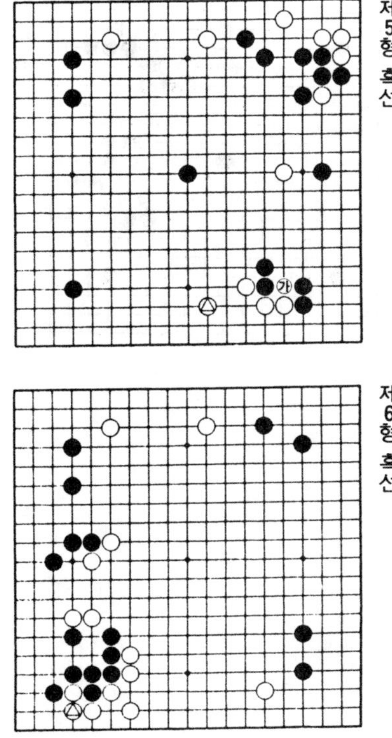

제5형 흑선
제6형 흑선

제 1 장 / 상수(上手)의 겨냥을 읽는 심리편···········55

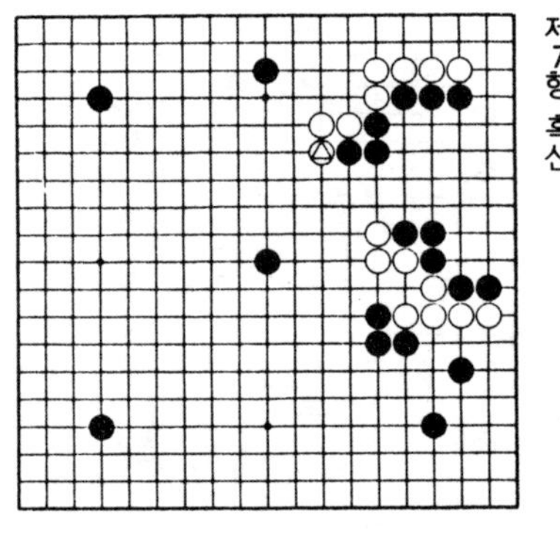

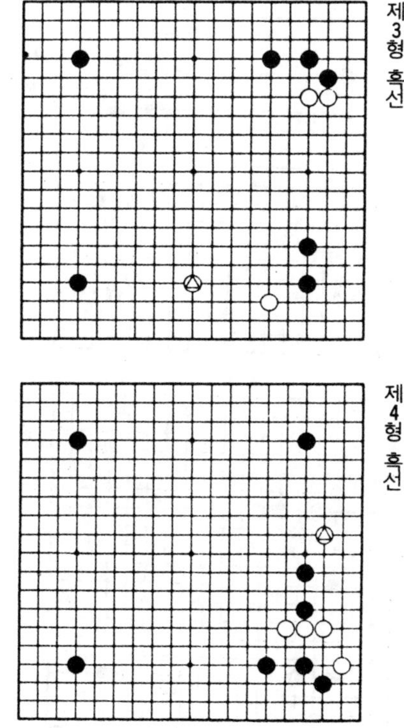

제3형 흑선
제4형 흑선

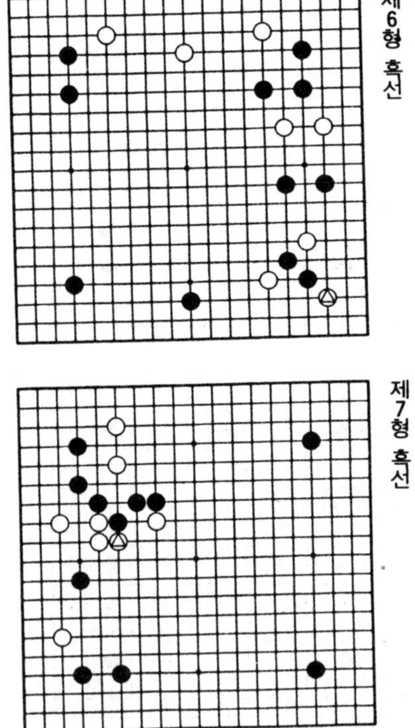

제 6 형 흑선
제 7 형 흑선

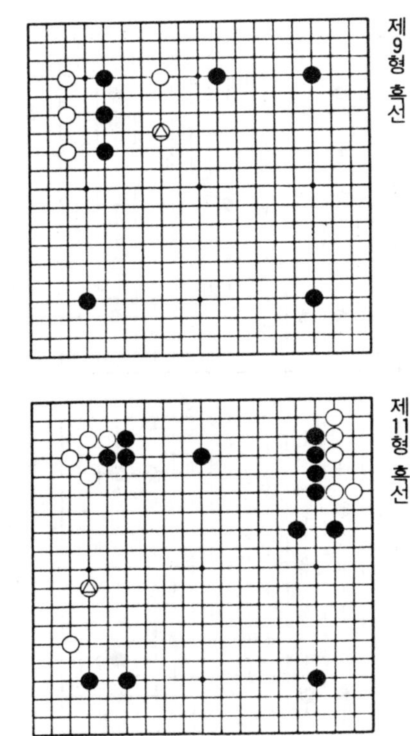
제9형 흑선
제11형 흑선

제 2 장 / 상수를 분쇄하는 기술편

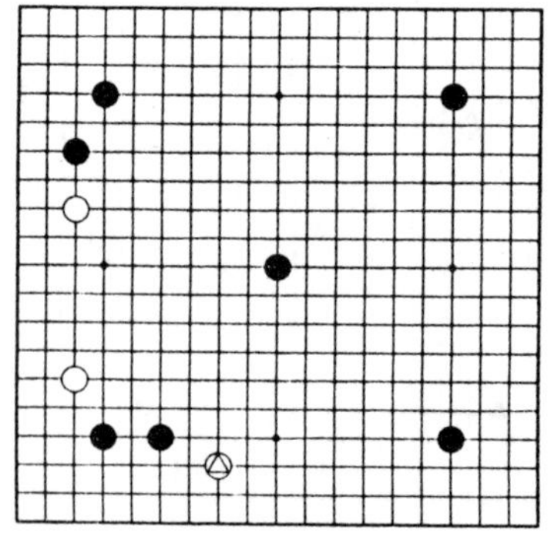

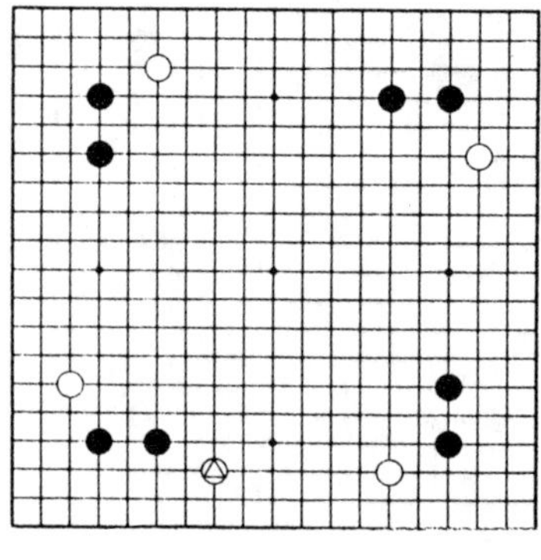

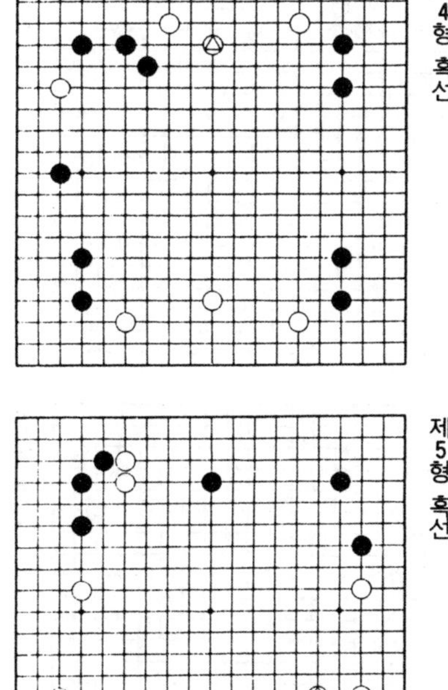

제4형 흑선
제5형 흑선

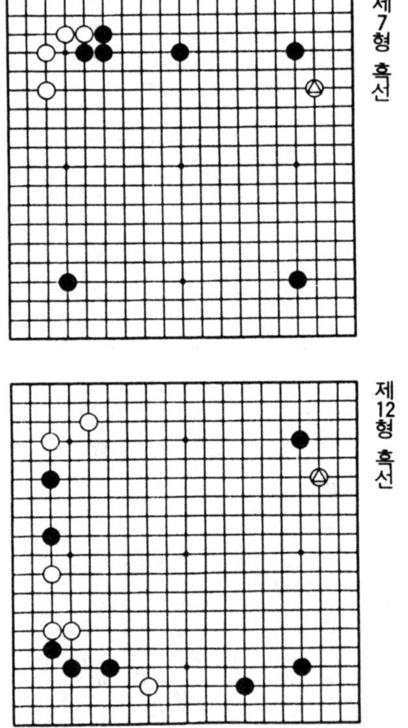
제 7 형 흑선
제 12 형 흑선

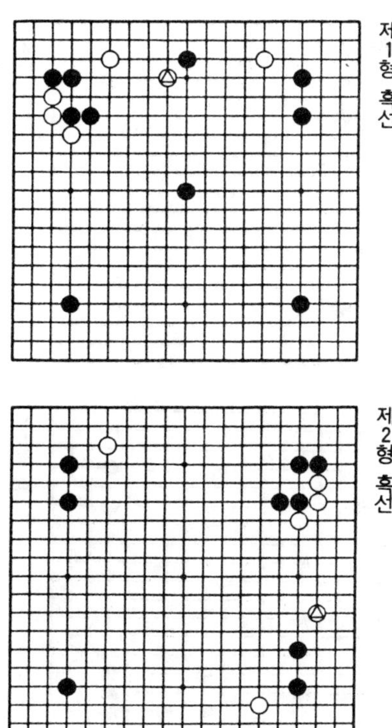
제1형 흑선
제2형 흑선

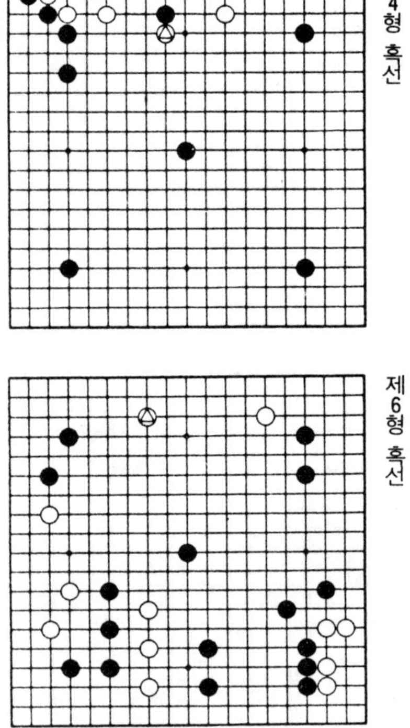
제4형 흑선
제6형 흑선

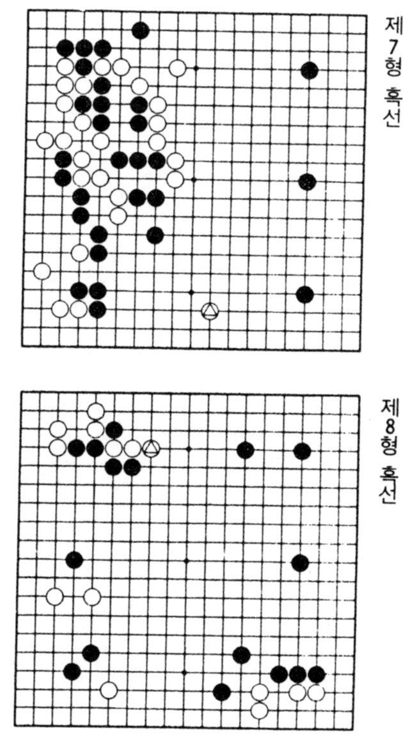

제 7 형 흑선
제 8 형 흑선

초 장

서툰 심리의 맹점
7 가지의 포인트

이 장의 포인트

접바둑은 서툰 쪽을 이기기 쉽게 하기 위한 핸디전이다. 두 점, 세 점 놓인 돌이 증가함에 따라 서툰 쪽이 유리해지지만, 그래도 이기는 것은 용이한 일이 아니다. 이것을 뒤집으면, 세 점으로는 이길 수 없을지도 모른다, 라는 말이 된다. 천하의 명인이라도 두 점, 세 점으로는 필승의 자신이 없는 것이다. 아마츄어가 네 점, 다섯 점의 접바둑에서 이길 수없는것은 이상한 일이 아니다.

접바둑에서 서툰 쪽이 지는 것은 놓인 돌의 운용을 잘못하여 모처럼의 핸디캡이 사라지기 때문이다. 그리고, 운용을 잘못하기 쉬운 심리에는 자신 과잉형과 자신 상실형의 두 가지가 있다. 과잉형은 놓인 돌을 땅 취하기에 사용하고 있다. 또는 세력이 강하다고 하여 수비와 공격의 양면에 편중해 있는 형으로, 때로는 작용이 나쁜 정석을 태연히 채용하는 독선적인 타입이다. 한편, 상실형은 불안이 앞서서 소극적이 되어, 돌의 작용을 나쁘게 한다. 땅 취하기에 전념하여 세력 운용을 잘못하거나, 백의 수를 따라가는 것을 반복한다.

이들 서툰 심리는, 강기와 약기가 교차되어 정상적인 손의 움직임을 잃고 만다. 이 맹점을 해소하기 위해서는, 그 장의 객관적인 판단이 없으면 안된다. 그 판단을 기르기 위하여, 공격 전에 1보 물러나 수비하고, 수비 전에 공격을 보는 강기와 약기의 심리의 맞물림을 생각하는 것도 한 가지 방법일 것이다. 이 장에서는 이와 같은 서툰 사람이 빠지기 쉬운 맹점을 7가지의 패턴으로 정리하였다.

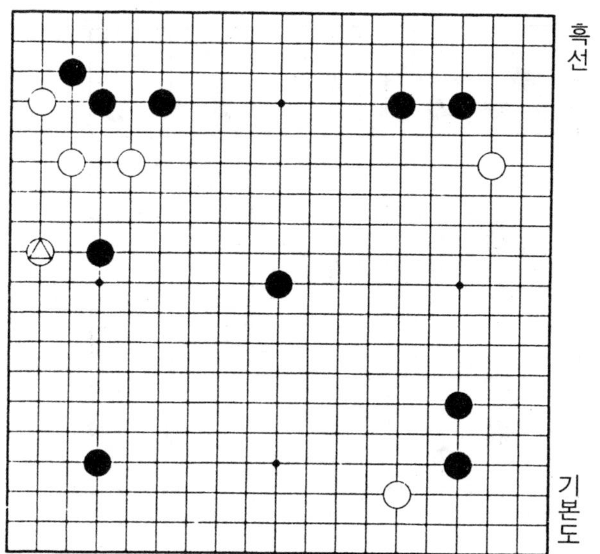

제 1 형

땅을 에워싸는 것만으로 이기기는 어렵다

5점 접바둑이다. 백△로 놓은 때.

귀와 중앙에 세력을 갖는 접바둑의 핸디캡은 강렬. 백은 근거를 구하는 수밖에 없다.

네 귀가 잡힌 바둑은 놓지 말라는 격언이 있다. 4점 접 바둑 이상에 놓인 돌이 증가하면 네 귀를 확보하기 쉬우므로, 백은 처음부터 어려운 싸움을 강요당하고 있는 것이다.

그런데, 이 격언은 흑을 실수하게 하는 경우가 있다. 귀를 집으로 하면 이길 수 있다는, 단순한 생각을 갖게 하기 때문이다. 놓인 돌은 집의 확보와 함께, 변이나 중앙으로 발전하는 세력으로써 역할을 하지 않으면 작용이 반감한다.

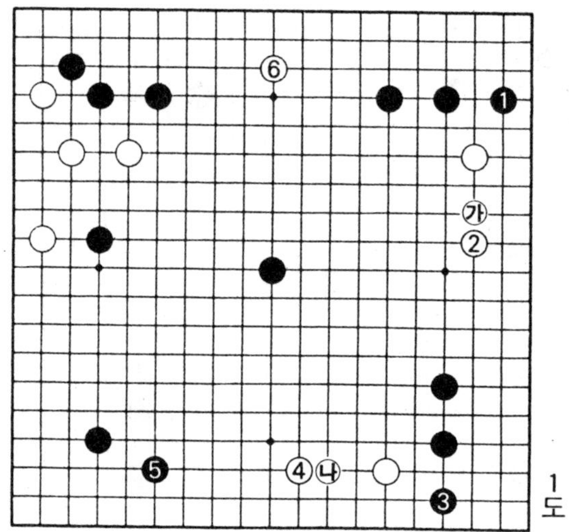

1도

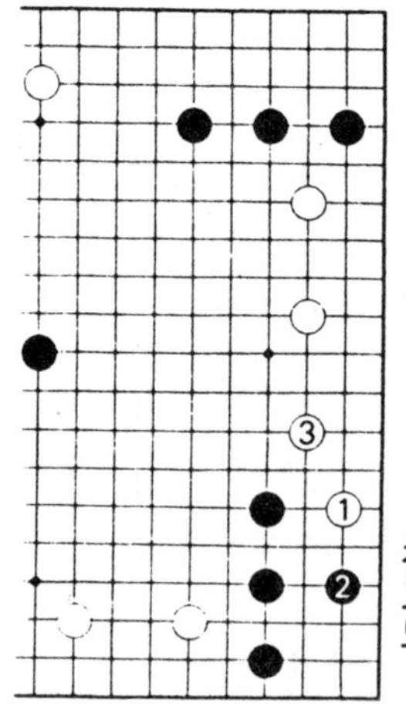

1도

네 귀가 취해진 바둑을 놓지 말라는 격언을 지켜, 흑은 놓인 돌을 이용하면서 흑1·3·5로 세 귀를 지켰다.

백2·4를 없애면 흑가·나가 근거를 빼앗는 강력한 공격이 되기 때문에, 백은 할 수 없이 받을 것이다. 그러나 백6까지로 바둑은 이제부터.

변으로의 발전이 전혀 없는 귀의 집을 백에게 있어서는 공포의 대상으로 보지 않기 때문이다. **참고도 1**의 백1·3이 그 예.

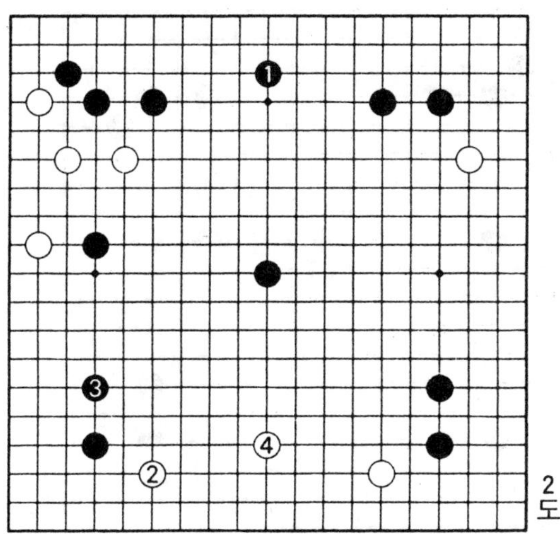

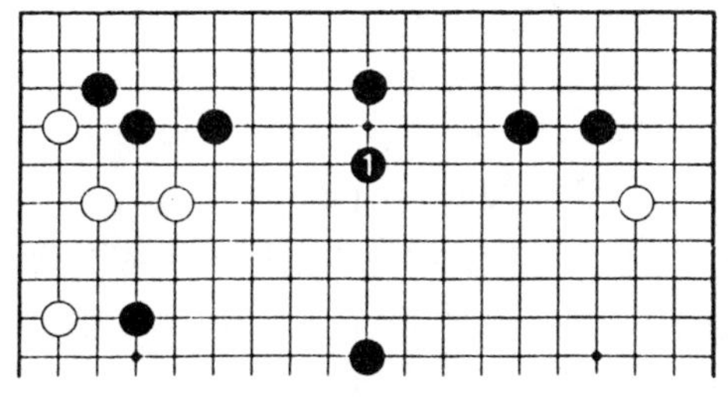

2도
기본도 다
음, 흑에는 두
가지 생각이
있다. 하나는
차도에 나타
난 적극 전법,

또 하나는 본도, 흑1로 상변의 큰 곳에 놓는 소극 전법이다.

흑1은 우상, 좌상의 두 귀에서 상변 일대를 집으로 하는 일석이조의 벌리기. 이 다음, **참고도 2**의 흑1로 뛰어 흑의 집을 변에서부터 중앙으로 부풀려 올리는 좋은 수를 포함하고 있다.

이 전법은 귀에 10칸씩의 집을 만드는 1도의 전법에 비하면, 모양을 넓힌다는 장래성이 풍부한 의미를 갖고 있다.

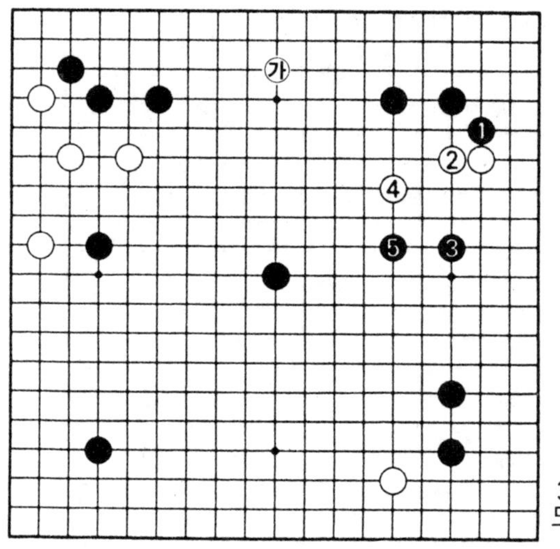

3
도

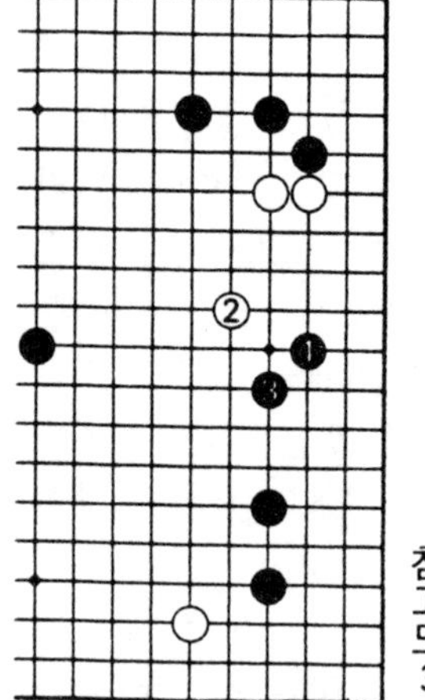

참
고
도
3

3도

상변 **가**는 절호점이다. 그러나, 좀더 놓인 돌을 작용시키는 적극 전법은 세력을 작용시키는 공격이다.

흑1로 마늘모 붙이기, 우상의 백을 무겁게 하여 공격하면 상변은 자연히 흑의 집이 된다.

흑3의 끼우기가 강력하다. 백4의 피해 내기에 흑5로 추격한다.

흑3·5는 우변의 흑 모양을 만든다고 하는 직접 작용이 있고, 동시에 상변도 지킨다는 간접적인 작용을 갖고 있다.

참고도 3의 흑1은 박력이 없다.

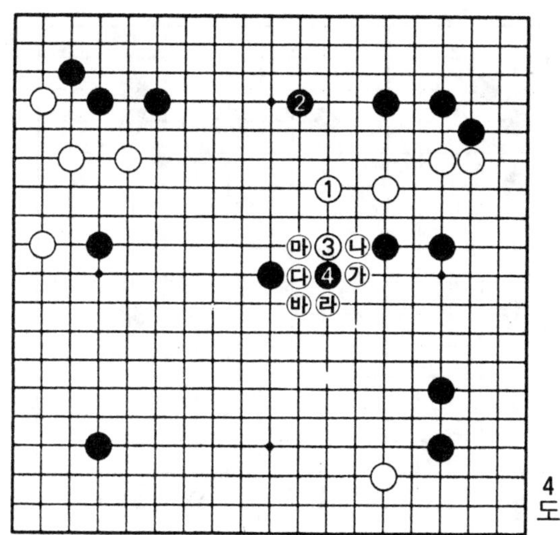

4
도

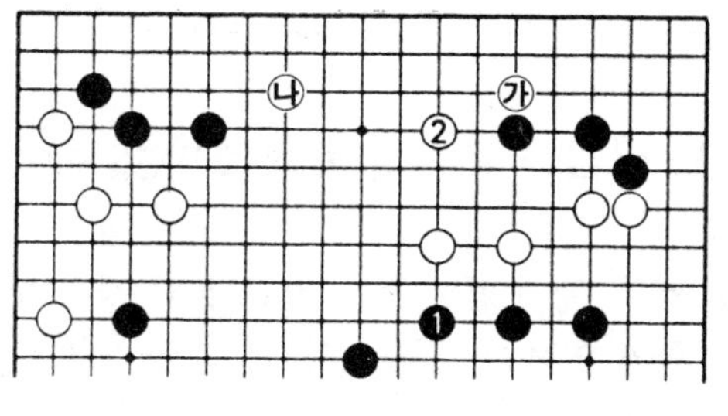

참
고
도
4

4 도

전도 뒤, 백 1로 중앙으로 피해 내면 혹 2로 지키는 모양이 좋을 것이다. 혹은 우변과 상변의 양변을 놓게 된다.

백 3이라면 혹 4. 중앙의 놓인 돌을 작용시켜 중앙을 꼭 지킨다. 이 다음 백가 라면, 혹나, 백다, 혹라, 백마, 혹바. 혹 낙승의 무드이다.

참고도 4

혹 1은 가운데를 두껍게 하는 놓기이다.

그러나 백 2로 상변이 나누어져 귀가 불안. 혹가, 백나로 공격의 촛점을 흐리게 한다.

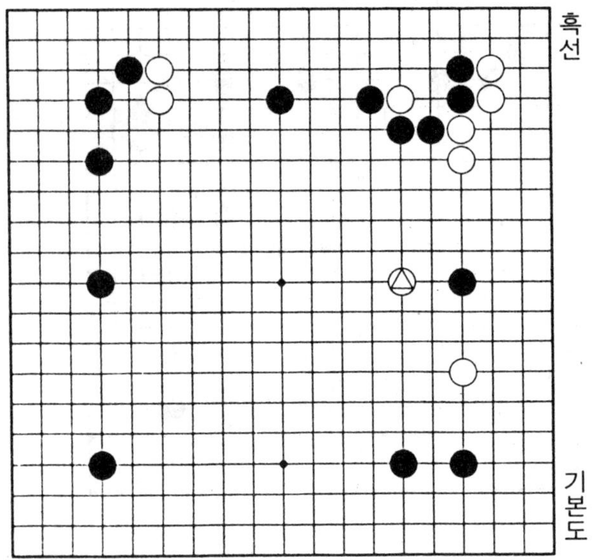

제 2 형
돌을 살리고 싶은 마음은 백의 환혹책(幻惑策)에 말린다

6점 접바둑이다. 백△와 우변의 흑이 칼끝이 된 상황. 백의 겨냥은 흑을 공격하여 어려운 바둑이 되게 하려는 것이다. 한편, 흑이 최초로 생각할 수 있는 것은 돌을 살리는 것. 그러나, 공격을 당하더라도 상황은 상관없다라는 것은 백에게 말려드는 생각이다.

전국을 보아야 할 것이다.

백의 강한 돌은 근거를 갖고 있는 우상귀의 네 점에 지나지 않는다. 이곳만이 백의 근거. 또, 우변의 흑 한 점을 공격할 수 있다 해도 완전히 봉쇄하는 것은 아니다.

대국을 보아 다음 흑의 수를 생각해야 할 것이다.

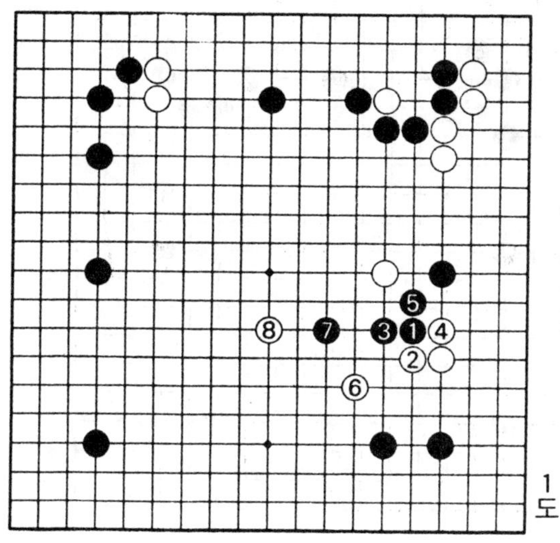

1도

우변의 흑 한 점을 취하게 하고, 우변이 완전히 백의 집이 되면 큰일이다, 라는 기분이 흑을 괴롭힌다.

흑1로 피해 내었다고 하자. 백2에서 흑5로 흑의 형을 부수고, 백8까지 싸움을 중앙으로 확대해 간다. 백이 싸움의 주도권을 잡고, 이 영향은 우하의 흑이나 좌변의 흑의 모양에도 파급되어 갈 것이다.

흑이 단지 돌을 살리고 싶다, 라는 생각을 하면 백은 흑의 약기(弱気)를 이용한다.

우변의 흑은 취해진 돌이 아니고, 또 백의 공격을 받는 돌도 아니다. 이 상태에서는 우하의 백이 약하고, 중앙도 백의 얇은 맛이 있어, 흑쪽이 아직 강한 입장, 놓인 돌의 핸디캡은 사라지지 않았다. 그러나, 이 뒤 흑이 우위에 서기 위해서는 백과 호각으로 싸울 수 있을 정도의 힘이 필요하므로, 난전필지(難戰必至). 백의 재미가 많을 것이라고 해도 좋을 것이다.

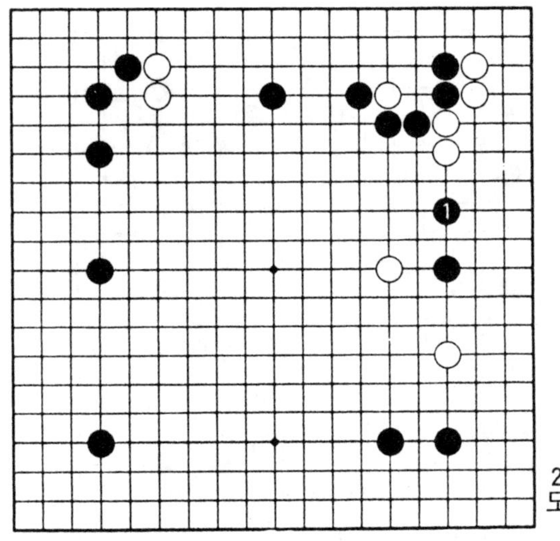

2 도

혹1의 한 칸 뛰기는 우변에서 살려는 수이다. 중앙으로의 탈출도 남고, 이 혹을 취하는 것은 용이하지 않다. 그러나, 백의 겨냥은 혹을 취하는 것이 아니고 혹의 세력을 분산시키려는 것이므로 우상의 강한 백에게 가까이 오는 것은 대환영.

참고도 1

우상의 혹에는 백1로 끊는 맛이 있다. 혹2로 지키면 백3의 누르기가 들어 백**가**가 선수. 즉, 우변의 혹은 강력한 우상의 백돌에 가까워 오히려 위험해진다.

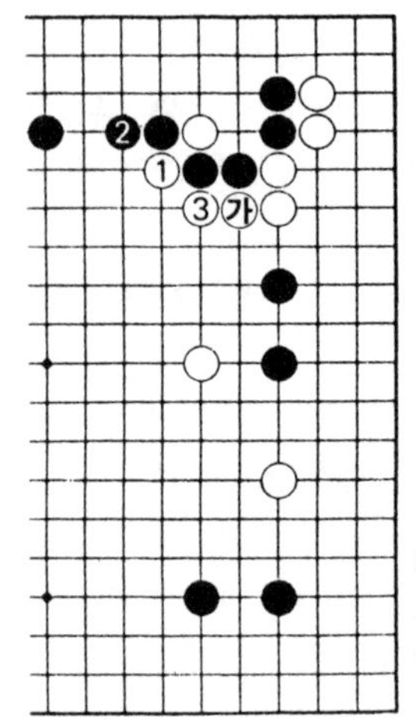

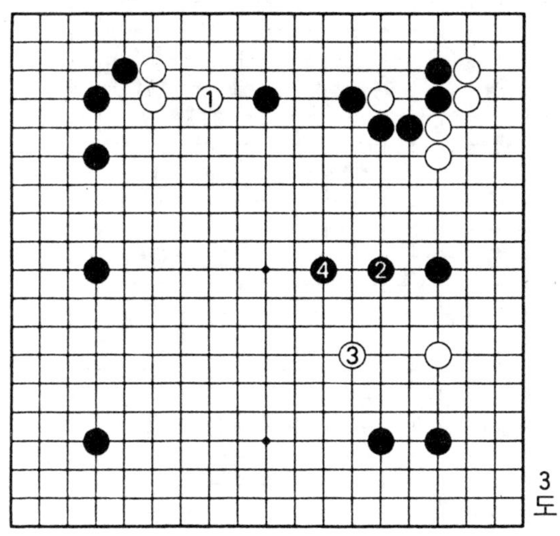

3도

놓인 돌의 핸디캡을 별도로 하고, 흑백 모두 같은 힘이라고 한다면, 백은 흑의 공격을 꺾고 고립되어 있는 돌을 취하지 않으면 안된다.

이 국면에서는 좌상의 백 두 점이 무거운 형이므로 백1로 지키는 정도일 것이다. 그러면 흑은 우하의 백 한 점을 공격하여 흑2로 뗸다. 흑2는 백의 공격을 막는 호점. 백3이라면 흑4로 뛰어 넘어 편한 포석이 된다.

백의 겨냥은 흑의 세력을 분산시키는 것, 마찬가지로 흑도 또 백의 세력을 분산시키면 백의 약점이 분명해져 싸우기 쉬워진다. 이 형에서는 백의 집은 우상뿐, 좌상과 우변의 백은 눈을 만들어 지키는 만큼 약한 돌에 지나지 않는다.

즉, 백이 좌상을 지키는 묘수를 놓으면 지는 것이 확실하므로, 우변의 흑을 공격하여 환흑하는 작전을 세우게 된다.

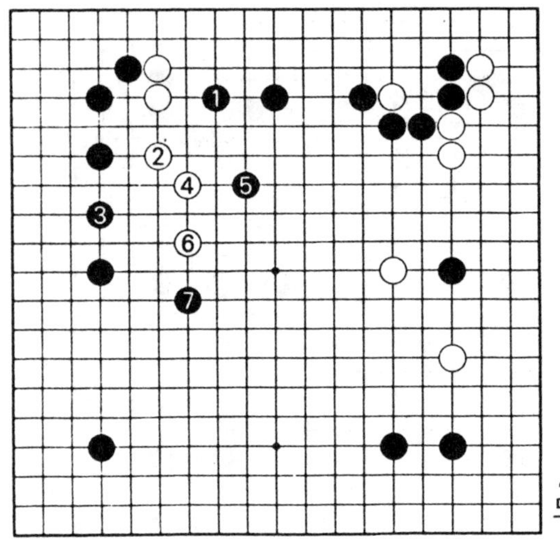

4도

우변의 혹 한 점은 약해져 있지만, 백이 우변을 집으로 할
정도로 급박하지는 않다.

주도권을 잡고 싶다, 라는 백의 목표를 깨는 것은 혹이 반
대로 주도권을 잡는 방법이다.

백의 최대 약점은 좌상의 백 두 점. 혹의 세력 가운데 고
립되어 근거를 만들기가 힘들다.

혹1의 공격이 강력하다. 백2로 중앙에 피해 내면 혹3으
로 수비, 공격하면서 좌변의 집이 단단해질 것이다. 백4·6
의 도망치기에는 혹5·7의 추격. 이 백은 단수도 없고 중앙
을 떠돌 뿐이다. 우변의 백에도 영향이 미치기 때문에, 혹 낙
승이 될 것이다.

우변의 혹을 도망쳐 내면 백이 주도권을 갖고 좌변이나 상
변으로의 겨냥이 많아지고, 좌상의 백을 도망쳐 내는 형이 되
면 혹이 우변을 놓기 쉬워진다.

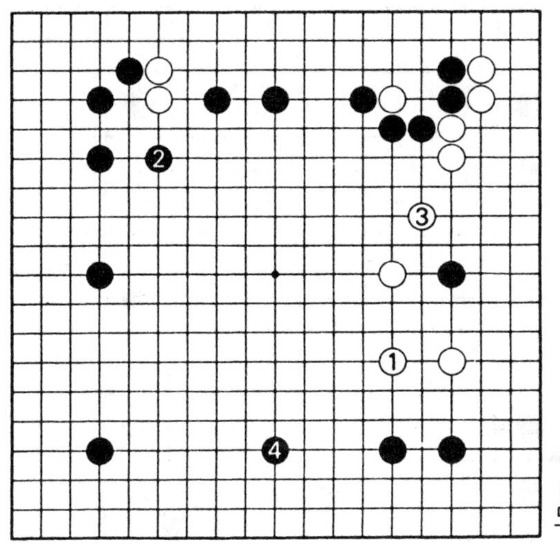

5도

좌상의 백 두 점을 공격해도, 백에 손이 빼어지면 불안하다고 생각할지도 모른다.

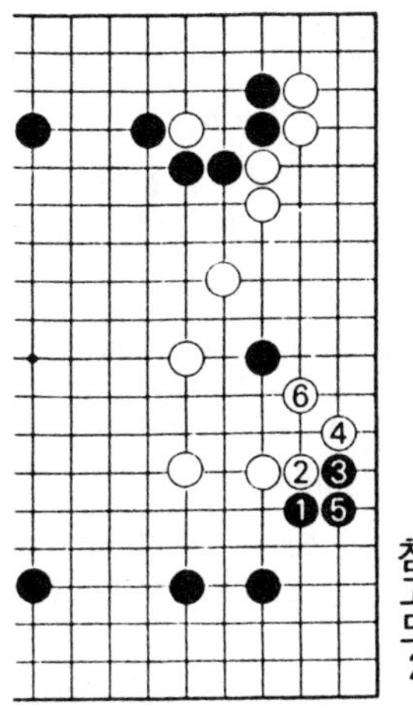

백1로 우변을 크게 공격하는 포위 작전이다. 그러나 우변의 흑은 아직 가볍다. 이것을 버림돌로 하여, 흑2로 상관말고 좌상을 공격 백3이라면 흑4의 큰 곳을 놓는 정도로 필승의 태세이다.

참고도 2

우변의 백집은 흑 한 점을 취해도, 흑2에서 백6까지의 살리기가 있어 백집은 겨우 40집. 우하로 증가한 흑집을 빼면 취하기에 만족함이 없는 크기이다.

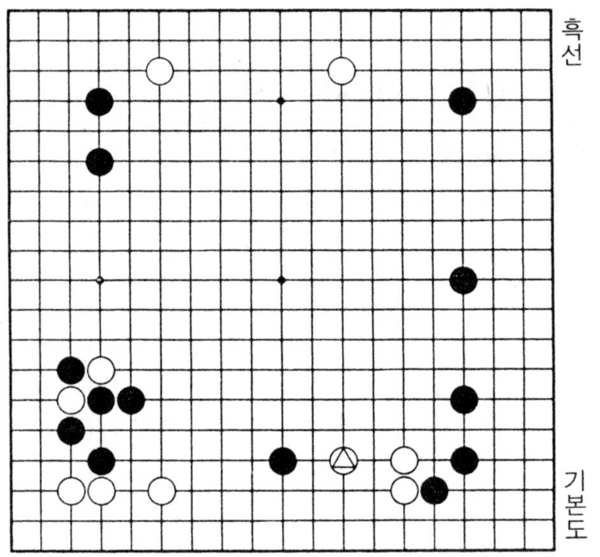

제 3 형
방향이 다른 공격은 대국을 그르친다

네 점 접바둑이다. 백△으로 하변을 준비한 때.

돌을 공격에 넣으면 안심이라는 사람이 있다. 반면, 공격당하고 있으면 언제 잡힐까 하는 불안이 들고, 받는 수만으로는 상대가 유리할 것 같은 기분이 드는 것이다.

공격은 분명 기분이 좋다. 그러나, 돌을 공격하기 위해서는 그 나름대로의 준비가 필요하다. 무턱대고 공격하는 것은 오히려 결함이 생겨, 점점 형세가 나빠져 버릴 것이다.

우하의 백 세 점은 아직 근거가 확실치 않다. 그런 의미에서 공격의 대상이지만, 주변의 상황으로 놓는 수는 달라져 간다. 이어서 어떤 구도를 생각할 수 있을까?

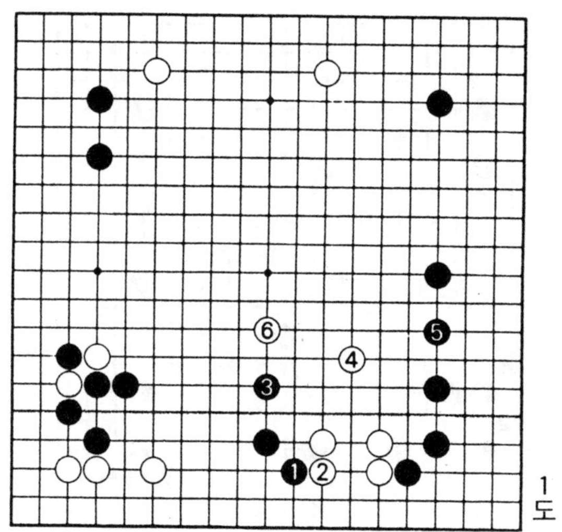

1도

공격＝돌 취하기라고 생각하면, 뜻밖의 실패가 된다.

이 형은 공격을 잘못한 예이다.

흑1로 백의 근거를 공격, 백2로 받게 한 다음 흑3으로 백을 중앙으로 공격해 세우고 있다. 백4로 놓여진 것만으로 흑이 불리하다. 이 이유는 취할 수 없는 백을 공격, 우변의 흑집을 약하게 한 것, 또 하나는 흑1·3이 집을 넓히는데 아무런 도움이 되지 않는 것이다.

하변에 흑이 세력을 쌓아도 좌하의 백이 고개를 내밀고 있기 때문에 흑에는 집이 생기지 않는다.

흑이 얇아진 우변을 5로 지키면 이번에는 공격 주도권이 백으로 돌고, 백6으로 하변의 흑이 공격당한다.

근거가 없는 백돌을 공격한 것이 반대의 결과가 되어버린 것은, 공격하면서 집을 넓히는 것도, 공격의 중요한 테크닉의 하나라는 것을 모르고 있었기 때문이다.

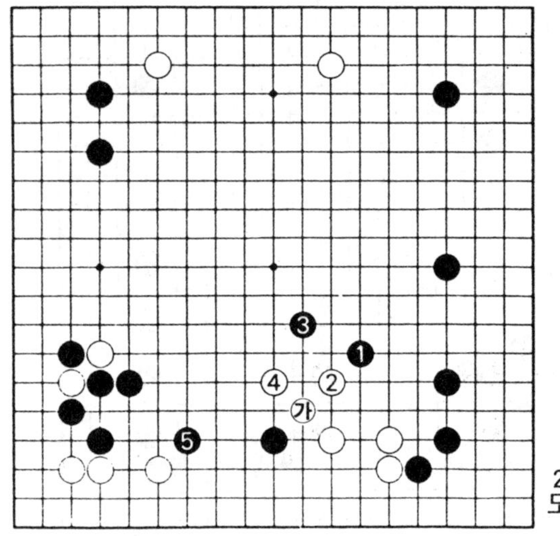

2도

우하의 백은 흑에 포위되어지면 눈모양이 없는 돌이다. 그러나, 흑이 포위하려 해도, 하변의 흑은 한 점뿐으로, 백 세 점을 이 한 점으로 공격할 수는 없다. 게다가, 좌하에는 근거가 단단한 백이 얼굴을 내밀고 있다.

즉, 하변의 상황은 백으로의 공격을 중지하는 신호를 보내고 있다고 해도 좋을 것이다.

다음 한 수는 흑1이다. 하변의 백을 공격하는 것보다, 백의 중앙 진출을 멈추고, 우변의 흑 모양을 넓히는 작전이다.

백2는 모양. 가의 마늘모보다도 작용한 쪽을 받는다. 그리고 흑3으로 더욱 씌워 중앙으로 세력을 비축해 간다. 우변의 스케일이 커져 알기 쉬운 바둑이 된다.

흑1·3은 하변의 흑을 약화시키고 있다. 그러나 흑은 언제라도 5로 좌하의 백에 걸쳐가는 도망갈 길을 준비하고 있다.

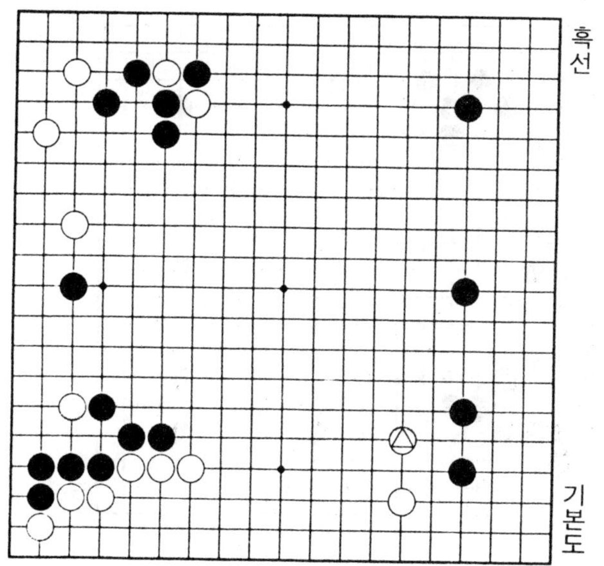

제 4 형
질투 근성이 백집을 크게 보다

네 점 접바둑이다. 백△에 놓은 때.

하변의 백이 크게 보인다. △의 뛰기가 흑의 마음을 놀라게 한다. 이 백집을 어떻게 하지 않으면 질 것 같은 느낌이 들 것이다.

전국을 보기 바란다. 좌하는 정석, 좌상도 정석이다. 흑은 특별히 내세워 나쁜 수를 놓지 않는다. 즉, 현재는 네 점의 핸디캡이 그대로 건재해도 좋은 것이다.

하변의 백집은 크게 보여도, 그것에 대응하는 이상의 흑집이 있다고 생각할 수 있다. 그리고, 그 자신 위에 흑의 다음 수가 생긴다. 흑 충분이라는 구도를 그리기 바란다.

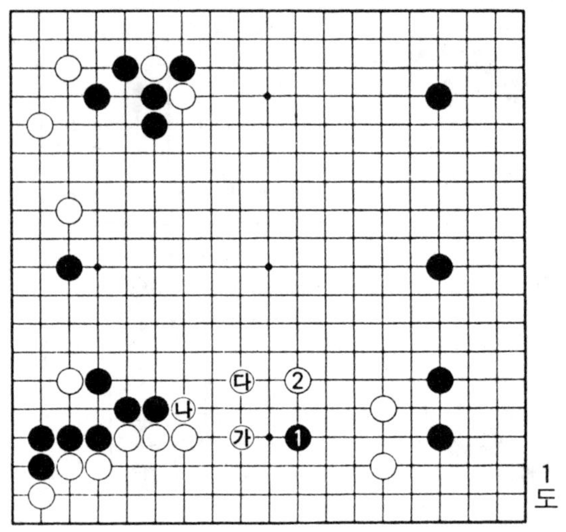

1도

마음에 걸리는 하변의 백집을 어지럽히기 위하여, 흑 1 로 놓으려 할 것이다. 힘을 자만하는 아마츄어가 곧 놓고 싶어하는 수이다.

백 2 로 반격당해 곧 어려운 바둑이 된다. 하변의 흑이 취해진다는 것은 아니다. 다음에 흑가, 백나, 흑다로 버틸 방법은 있다.

그러나, 백집을 어지럽히고, 흑이 중앙으로 도망쳐도 형세가 좋아진다고 단정할 수는 없다. 어지럽힌 백집은 좌하가 건재하며 커지지 않기 때문이다. 오히려, 하변을 움직여낸 흑돌이나 좌변의 흑집이 백의 공격을 받아 싸움에 여러 가지 제한을 받는다는 것이 흑에게 있어서는 부담이다.

흑 1 은 '질투'의 수이다. 백이 하변을 넓힌 것은 흑을 기다린다는 심리작전이었다.

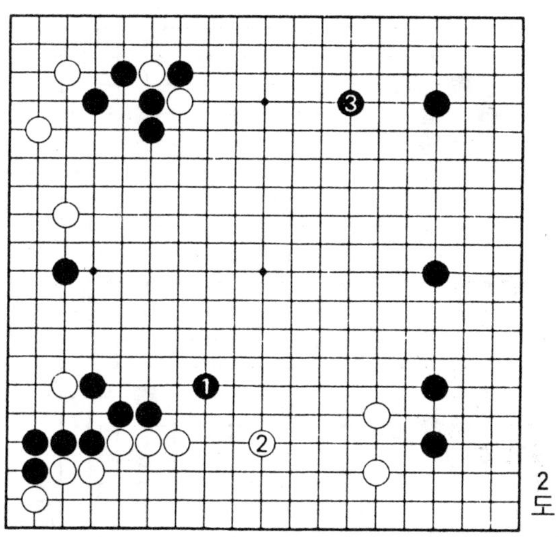

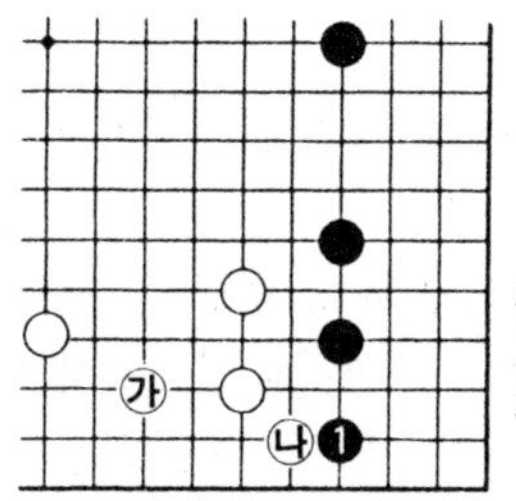

2도

다음 한 수는 흑1의 날일자이다. 이곳은 백 모양을 제한하는 요점. 동시에 좌변의 흑집을 넓히는 급소도 된다.

백2로 받게 한 다음, 우상 흑3의 조임으로 돌아 흑의 편한 바둑이다. 하변의 백집은 30집 정도밖에 없다. 좌변의 흑집, 우상 귀에서 우변, 상변에 걸친 흑 모양은 백집을 훨씬 상회한다.

참고도 1

하변의 백집은 우하귀를 흑1로 굳히면 더욱 작아진다. 다음에 흑가의 놓기가 성립하므로, 백은 나의 지키기가 필요.

즉, 하변의 백집을 확정시키기 위해 우하의 흑집이 증가한다는 핸디캡도 있다.

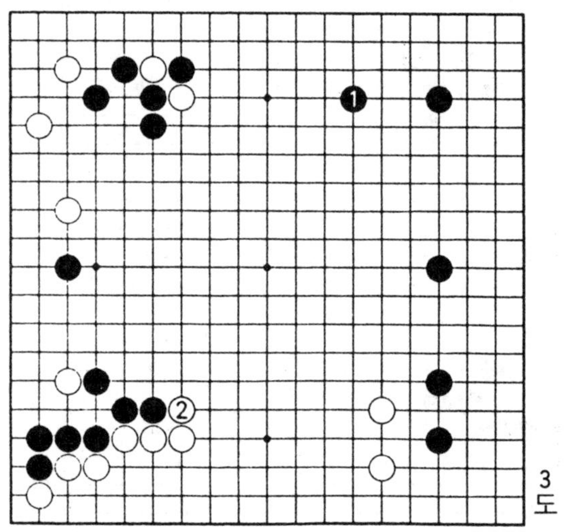

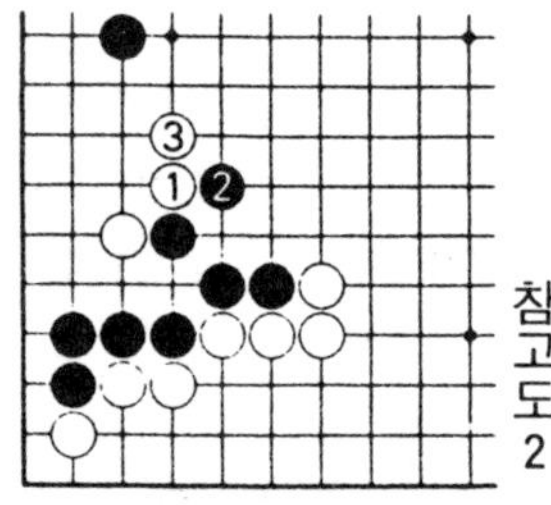

3도

하변의 백집은 마음에 걸린다.
그러나, 어지럽힐 정도의 강기가 없
는 사람이 있을지도 모른다. 하변
의 눈모양을 못본 체하고, 백은
백, 흑은 흑으로 우상 흑1의 큰 조
임을 놓는 예이다.

백집은 마음에 둘 것이 못된다 하더라도, 눈모양을 못본 체
하는 것은 무기력함에 지나지 않는다.

백2로 구부려 하변을 더욱 벌려 갈 것이다. 백2는 좌변의
흑집에, **참고도2**의 백1·3이라는 어지럽히기를 겨냥하고 있
다.

좌변의 흑집이 사라지고, 하변의 백집이 큰 스케일로 넓어
져 가면, 우상의 흑 모양이 정돈되고 흑이 이기는 것은 어렵다.

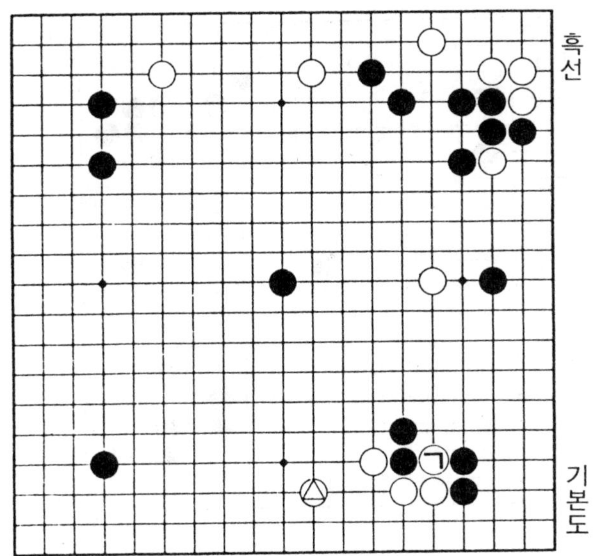

제 5 형
정석에 구애되면 놓을 수 없는 '경우의 수'

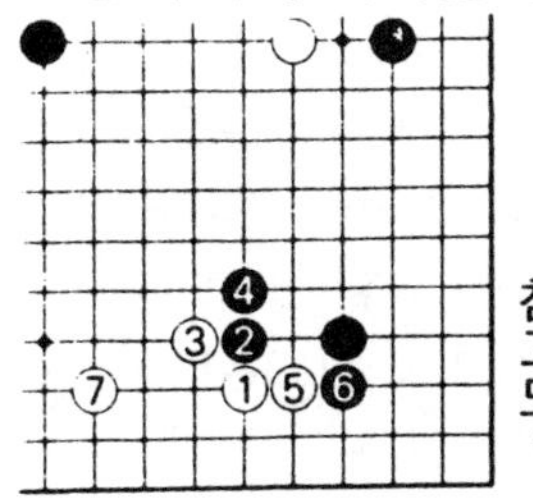

다섯 점 접바둑이다.

우상에 흑의 두꺼운 맛이 있기 때문에, 백은 우변의 흑 모양의 확대를 견제하지 않으면 안된다. 우변의 칼끝 다음, 우하의 참고도1 백 1 로 안고, 흑부터 붙여 뻗는 정석이 되었다.

백△의 벌리기는 ㄱ 으로 내는 중앙의 흑의 절단을 겨냥하고 있다.

여기에서 다음 흑의 수가 문제. 정석에 밝은 사람은 간단하게 생각할지도 모르지만, 자칫하면 백의 생각에 말려든다.

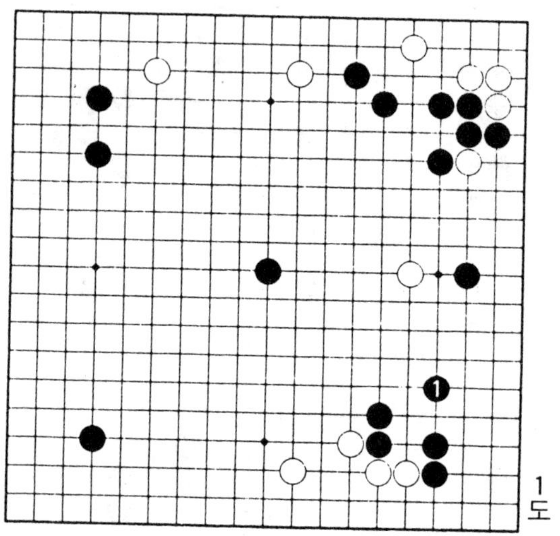

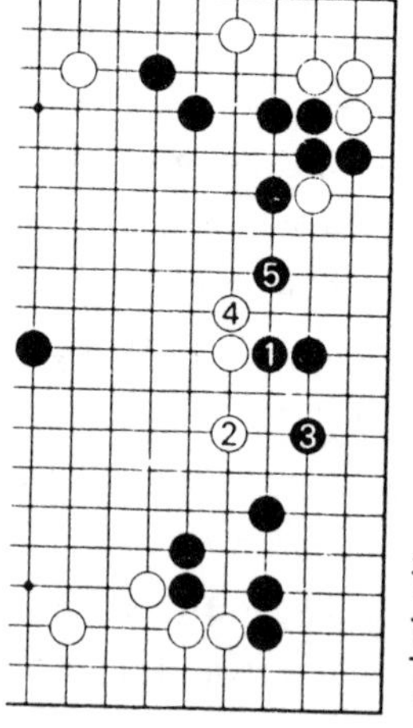

1 도

우하귀만의 부분으로는 흑1의 뜀기가 정석이다. 흑은 귀를 단단히 지키고, 우변에 강력한 세력을 갖고 있다. 그러나, 이 형으로는 모양을 굳힐 수가 없다. 백의 칼끝으로의 대책이 되어 있지 않기 때문이다.

참고도 2

흑이 우변을 취하기 위해서는 흑1의 수비가 더욱 필요하다. 백2·4를 이 정도로는 흑 불만이다. 살게 하면 수수에 비해 집은 적다.

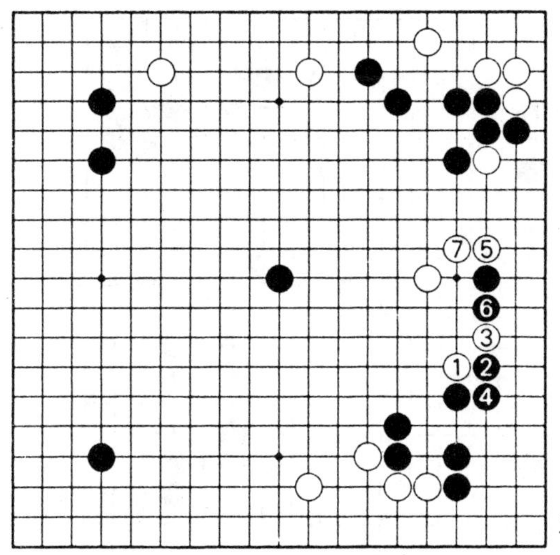

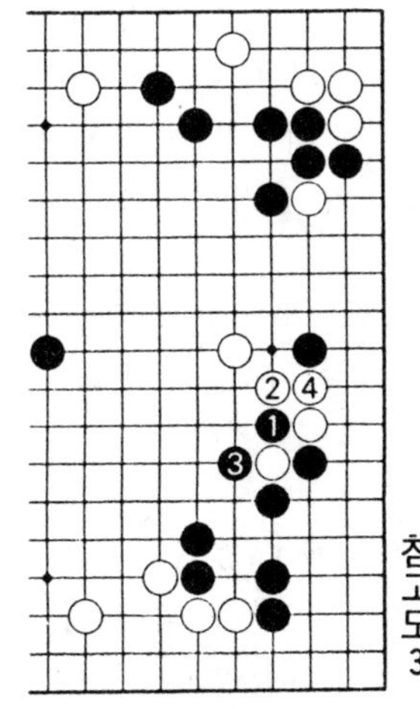

2도

 우하귀를 정석대로 지킨 다음, 백부터 1로 붙여가는 목표가 있다. 흑2의 젖히기에는 백3의 2단 누르기. 우변의 흑집을 깨는 맥으로 흑은 4로 받는 정도일 것이다. 백5·7로 내리고, 우상의 흑을 목표 수로 대신한다.

참고도 3

 2도 흑4의 변화이다. 흑1의 끊기에는 백2·4로 받아 흑집을 깬다. 흑의 빼기는 붙여 뻗기의 두꺼운 맛과 중복되어 좋지 않기 때문이다.

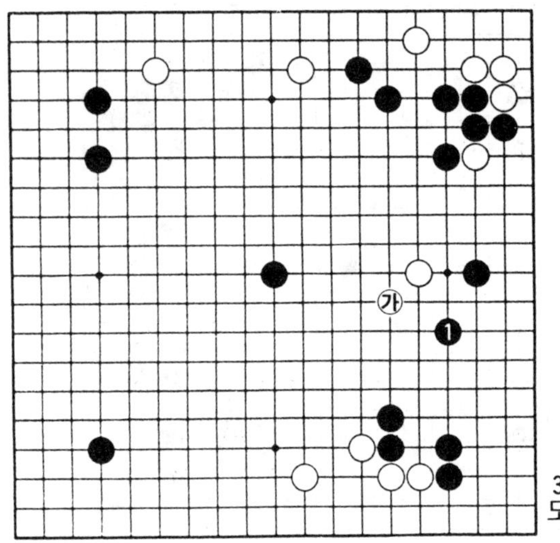

3
도

3도

우하의 두꺼운 맛을 작용시키기 위해서는, 우변으로의 넓은 벌리기가 필요하다. 그리고, 이 포석에는 이미 우변에 벌리기가 있으므로, 백의 칼끝으로의 받기로 집을 굳힐 것이다.

흑1의 수비는 두꺼운 맛을 작용시키는 것만이 아니고, 흑가로 공격하는 '경우의 수' 이다.

참고도 4

흑의 염려는 백1·3의 내끊기인데 흑4·6으로 받아 백이 겨냥은 불발.백가, 흑나, 백다, 흑라.

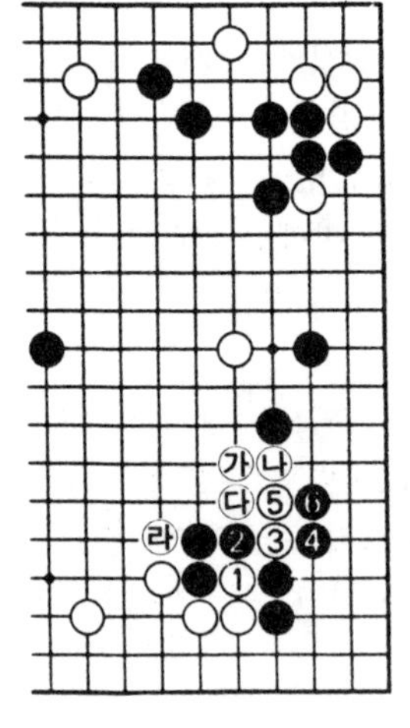

참
고
도
4

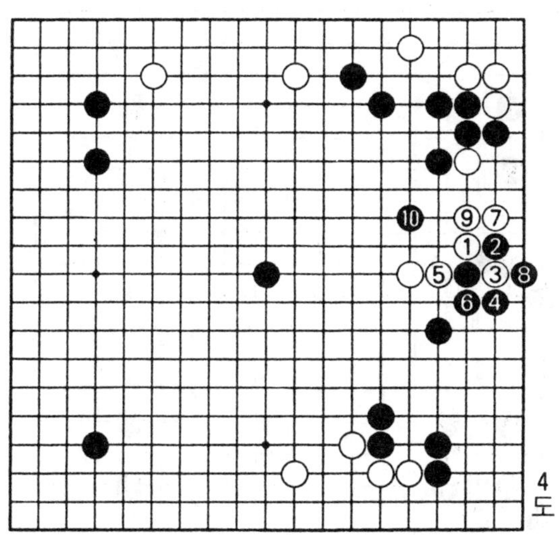

4 도

3도의 형에서 우변의 모두가 흑 집이라는 것은 아니다. 우상의 수 얇은 형을 커버하고 있지 않기 때 문에, 백1의 붙이기로 흑집을 깰 수는 없다.

백9까지 우변을 깨도, 흑10으로 공격당해 백의 괴로운 싸움이다. 또, 백9에서 **참고도5**의 백1도, 흑2·4가 강력하다. 흑은 우하의 집이 단단히 굳고, 우상도 눈모양 이 풍부한 돌이므로, 백을 일방적 으로 공격하여 낙승의 형세라고 할 수 있을 것이다.

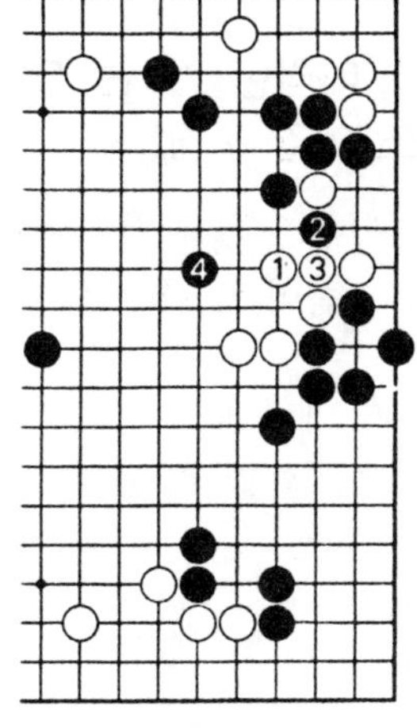

참고도 5

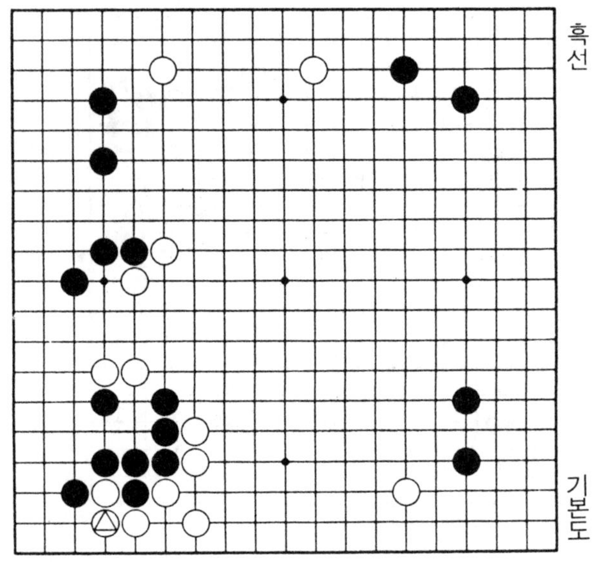

흑선

기본도

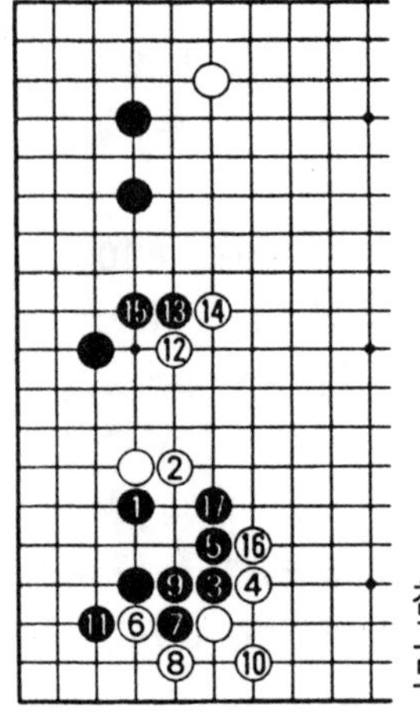

참고도

제 6 형

백의 수에 따라만 가서는 몇 점을 놓아도 이길 수 없다

　네 점 접바둑이다. 좌하의 싸움은 **참고도**의 수순이다. 흑 7 은 악수, 17 은 산다. 이 다음 **기본도**의 백△으로 붙인 때이다.

　백의 생각대로 뒤를 따라 가는 것은 유리한 바둑도 이상해진다. 여기에서 대국을 보아 다음 수를 생각해 보자.

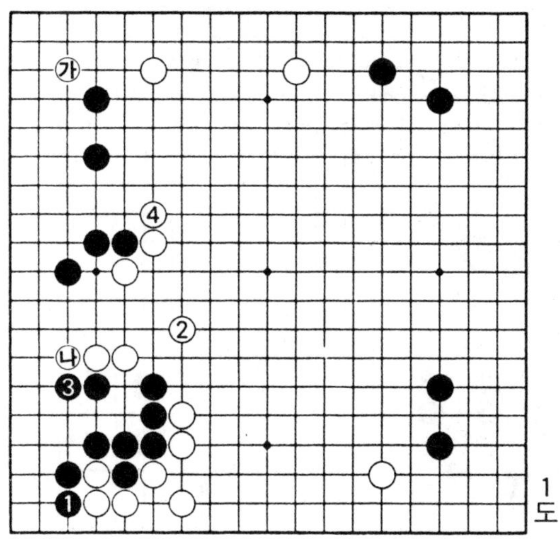

1도

백이 놓은 수를 따라가는 것, 또는 상대가 놓은 수 근처에
만 눈이 미치고, 다른 것은 거의 눈에 보이지 않는다 라는 아
마츄어 심리에서 탈피해야 하는 것이다.

흑1의 누르기는 백의 수를 따르는 악수.

백2의 봉쇄에 흑3은 귀의 생사가 걱정이 되어 지킨 완
착이다. 백4로 중앙을 넓혀 백이 유망한 국면일 것이다.

좌하의 작은 부분에서 흑이 불리한 결과가 된 만큼 전국적
으로 흑이 불리하다고 말하는 것은 과장인 것 같지만, 좌변의
흑집은 백가의 넣기, 나의 누르기가 있어 실질적으로 30집 정
도,이 외의 흑집은 우변의 미지수에 지나지 않는다. 이에 대해,
백은 중앙의 세력이 하변이나 상변과 연락되어 있기 때문에
전국적인 얇은 맛이 완화되어 있어, 이 다음은 생각하는 만큼
흑의 집을 어지럽힐 수 있다. 게다가 큰 모양이 있다.

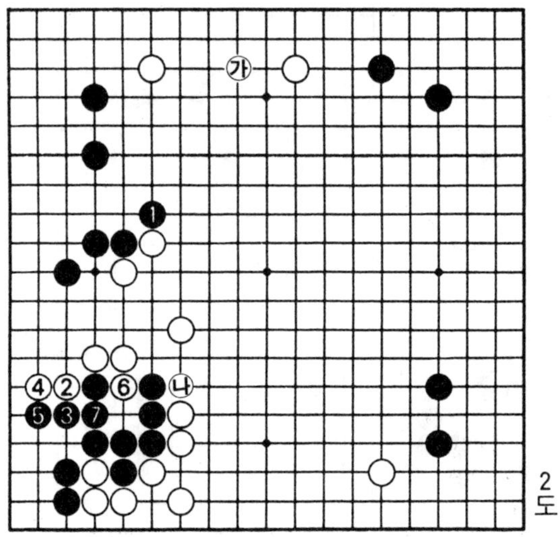

2도

2 도

상대의 수를 따라가는 것은 어리석은 수박자(手拍子)인 경우가 많은 것 같다. 이것은 아마츄어와 프로에 공통된 바둑판 외의 성격에 의한 것이므로 어쩔 수 없다고 하고, 문제는 백의 수를 따라가는 결점이다.

1도 흑3은 좌하의 흑이 불안하기 때문에 더욱 한 수 걸친 살기이다. 그러나, 귀의 사활을 읽으면 급소의 한 수를 선행할 수 있다.

흑1은 절호점. 좌상의 흑집을 넓히는 것, 상변의 백을 얇게 하여 흑**가**의 넣기를 강력하게 한다. 또, 좌변의 백을 흑**나**로 분단하는 목표가 생기고, 이것은 하변의 백 모양을 얇게 하는 것과도 연결된다. 즉, 흑1에 선행하면 네 점의 효과가 작용한다.

흑의 불안한 좌하는 백2 이하의 공격에 흑7까지로 살아 있다. 흑5에서는 6의 점에 눈모양을 만들어도 좋을 것이다.

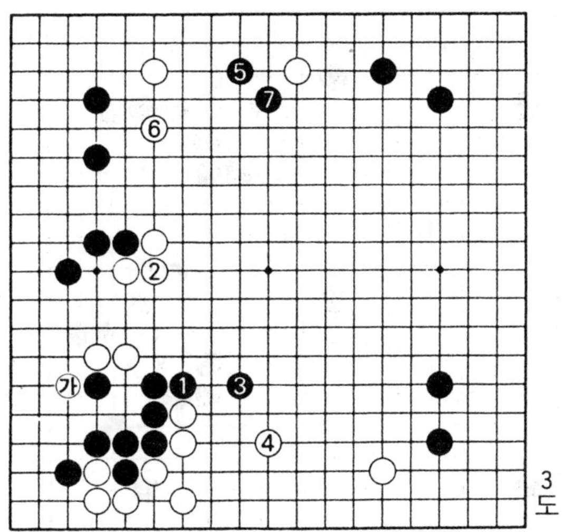

3도

접바둑에서는 10집 이상이나 이기고 있는 바둑이 종반에서 역전되는 케이스가 있다. 대부분이 백의 수를 따라가는 수박 자를 막는 의미에서, 백의 수에 항상 반발하는 것을 생각해야 하는 것이다.

그럼, **기본도** 다음, 흑의 한 수는 흑 1 의 구부리기이다. 귀의 흑은, 중앙으로 내면 불안은 없다. 또, 흑가로 놓으면 언제라도 살 수 있는 강한 돌이다.

백 2 로 중앙을 준비하면 흑 3 으로 뻗어 내어 백을 분열시키고, 흑 5 의 공격에 선착할 수 있다. 이로써 백의 집은 하변에 한정되어, 백은 집에서 싸울 수는 없다. 게다가 흑 7 로 상변의 백 한 점을 공격해 가면 우상이나 우변의 흑집 확정 가능성이 커진다. 이 뒤는 백을 공격하는 것만으로 낙승이다.

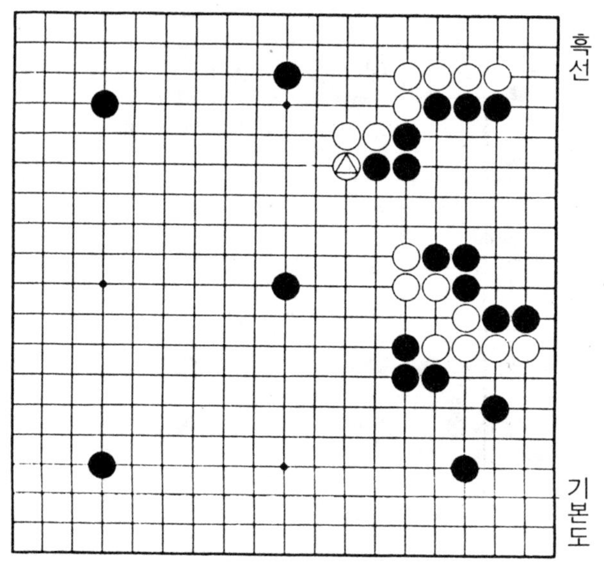

제 7 형
취하려 취하려 하는 것은 취해지는 결과

다섯 점 접바둑이다. 백△으로 놓은 때.

우변에서 싸움이 일어났다. 흑은 접바둑의 세력을 살려 우변의 백을 공격하고 있다. 이 백을 취하면 승패는 그것까지이지만, 돌 취하기는 조건이 상당히 엄격해진다.

취하려 취하려 하는 것은 취해지는 결과가 된다라고 일컬어지듯이, 상대의 돌에 무리가 없으면 돌 취하기는 성공하지 않는다. 게다가 접바둑의 백의 작전으로써, 보기에는 잡을 수 있을 것 같은 약한 돌을 만들어 흑을 유혹하는 일도 있다. 백△으로 상변을 놓는 것은 우변을 후림수로 하여 흑의 무리를 이끌어 내려는 것인지도 모른다.

이 뒤, 흑은 어떻게 놓을까.

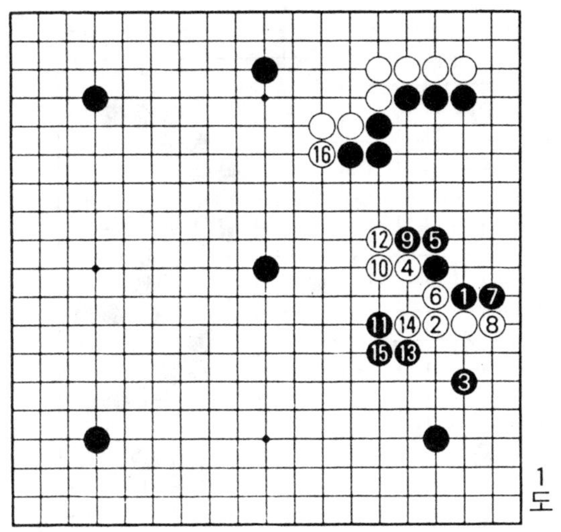

1도

우변의 백을 공격해 세우는 수순이다.

백은 우변의 흑 모양을 지우러 가고, 흑1·3으로 백을 공격하고 있다.

백4의 붙이기로 **참고도1** 백1의 도망치기라면, 흑2로 뛰어 우상의 흑 모양을 벌리고, 흑은 이상형이 된다. 그리고 백은 4로 붙이고, 우변의 흑집 확대를 막으면서 헤어나가기를 기한다. 동시에 백은 우상의 공배 메꾸기가 되어 있는 흑의 결함을 겨냥, 흑의 공격을 이끈다. 흑11은 급소.

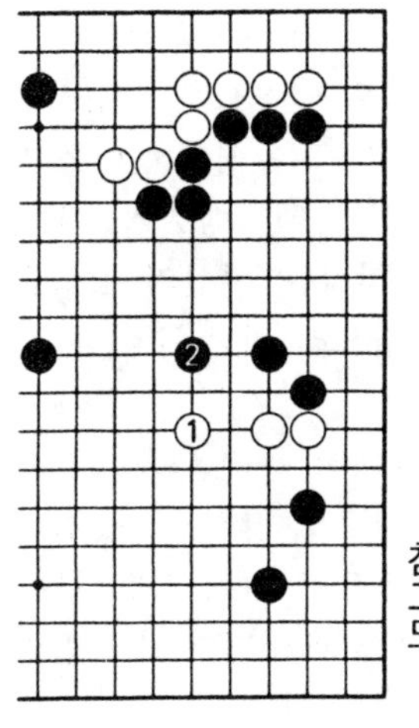

참고도1

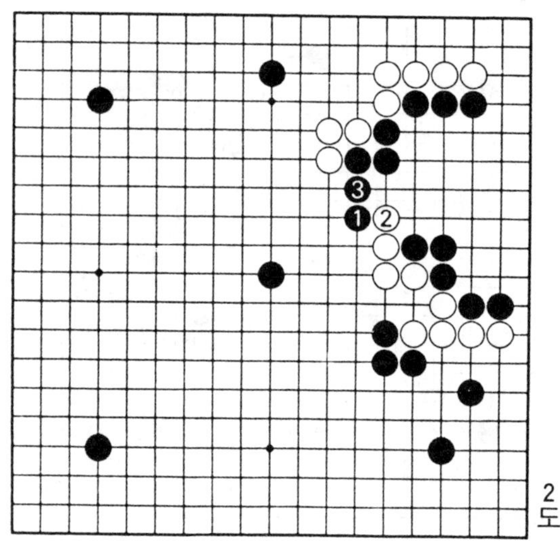

2
도

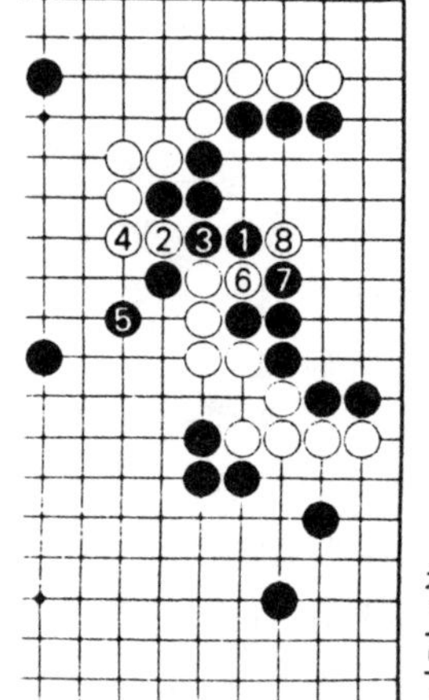

2도

우변의 백은 완전히 눈모양이 없
는 형. 돕기 위해서는 중앙으로 도
망쳐 상변으로 연결하는 방법밖에
없다. 그리고 흑은 백의 연락을 막
아 1의 공격 속행. 백2의 내기
에 흑3의 잇기는 자신의 결함을
잊고 백을 잡으러 가는 수이다.

참고도 2

2도 흑3에서 우변을 흑1로 지
키는 것은 백2로 젖혀져 공격이
실패이다. 흑3·5의 공격은 무리.
백8까지 공배 메꾸기가 된 우변의
흑을 가질 수 없다.

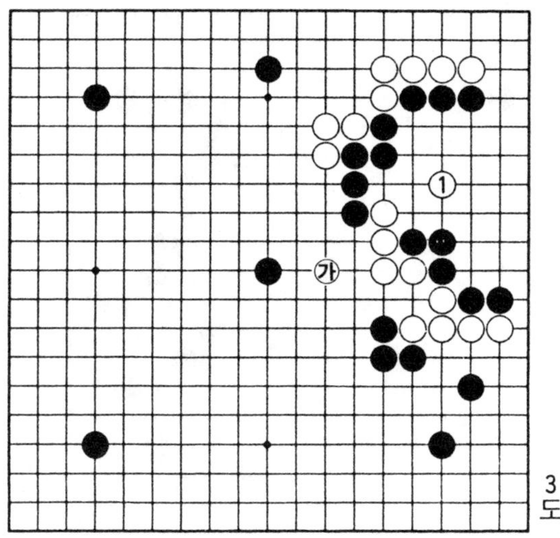

3
도

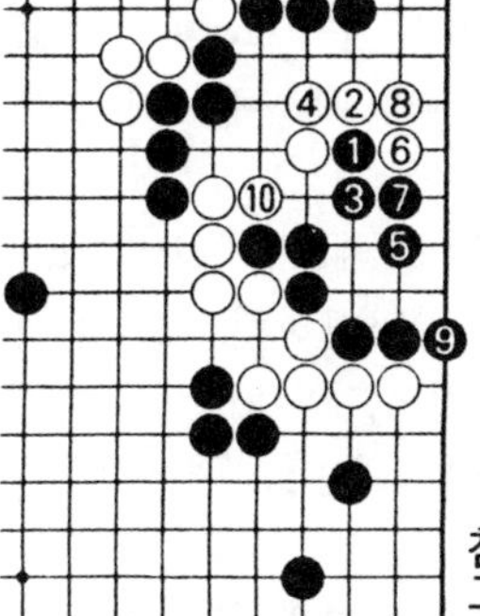

참
고
도
3

3 도

2 도 뒤, 백**가**로 도망치는 것은 중앙의 접바둑이 작용하여 백 절망. 이것이 흑의 의도이다. 그러나 백은 그런 골치 아픈 수를 생각하고 있지 않다. 백 1 로 우변으로 침입하여 역전. 우변의 흑 다섯 점이 반대로 공격당하고 있다.

참고도 3

우변의 흑은 1 이하 9 로 살아 있다. 그러나 백 10으로 지켜져 대실패의 형. 우변의 흑집이 없어진 것만이 아니다. 우상의 흑이 백의 공격 목표가 되어 있다.

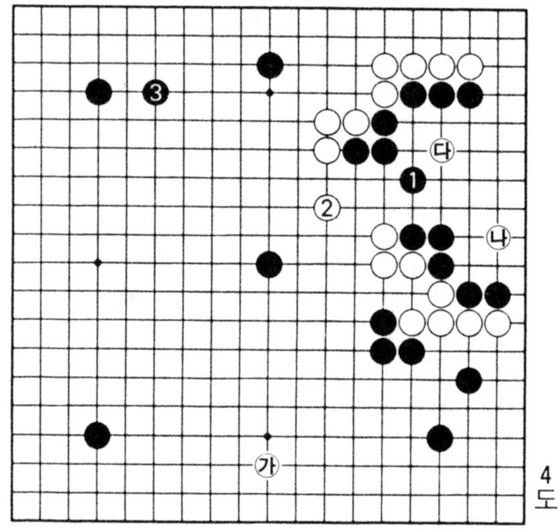

4 도

1도에 나타난 우변의 백의 공격은 흑이 성공하고 있다. 접
바둑의 세력이 풀로 작용하고 있다고 해도 좋을 것이다. 그러
나, 공격의 성공으로 서둘러서는 안된다.

흑은 우하에 세력을 만들고 있다. 하변의 큰 곳 **가**에 놓으
면 큰 모양을 만들 수 있다는 것만으로도 큰 효과. 그리고,
이와 같은 작용은 우변의 흑에 영향을 주기 때문에, 우변을 보
완 다음 싸움을 목표로 한다.

흑1의 지키기가 다음 한 수. 우변을 손빼기로 하면 백**나**
또는 **다**로 흑의 공배 메꾸기의 급소를 겨냥당하여 모처럼의
흑십이 어지럽혀져 버린다. 그리고, 우변으로의 겨냥이 없어
지면 백은 우변을 지키지 않으면 안된다. 백2로 싸움은 일
단락.

흑3은 상변의 수비, 우상에 생긴 백의 두꺼운 맛을 지우고
있다. 이에 **가**의 큰 곳도 유력하여, 아뭏든 흑이 편한 포석.

제 1 장

상수의 겨냥을 읽는 심리편

이 장의 포인트

접바둑은 대별하여 세 가지 종류로 나누어진다. 그 하나는 6점에서 9점까지, 또 하나는 2·3점, 중간의 4·5점이다.

이 중, 6점 이상의 경우는, 네 귀와 주변에 놓인 돌이 있어 흑이 집 취하기의 소극 전법만으로도 이길 수가 있다. 그러나 4·5점이 되면 귀의 놓인돌을 집 취하기에 이용하는 것과 함께 세력으로써 백으로의 공격으로 작용시키지 않으면 넓은 바둑이 되어버린다. 하물며, 2·3점의 접바둑은 맞바둑의 연장이라고 해도 좋을 정도로 어려워진다.

그러나, 이 장에서는 5점 접바둑에서 2점 접바둑까지를 주로 하여 백의 포석 단계에서의 겨냥을 설명하고 있다. 이 상수의 심리 작전은 흑도 소극적인 수비로 돌아 놓인 돌의 세력을 분산시켜, 숨이 길고 넓은 바둑으로 가져가는 것이다. 그리고, 그와 같은 테크닉 중에는 흑의 강력한 공격을 피하는 손빼기 작전, 형 그대로의 정석을 피하는 공배 섞인 정석, 흑의 받기를 헷갈리게 하는 이자택일 등의 '수 건네기' 작전, 또는 흑의 무리한 공격을 유도하는 고급 작전이 포함되어 있다.

이와 같은 작전은 포석의 돌수가 증가하여 중반전에 가까워지면 여러 가지 변화가 생겨 싸움이 복잡화되고, 흑도 심리적으로 고민한다. 따라서, 흑이 백의 겨냥을 깨기 위해서는 놓인 돌의 세력이 강한 포석 초기의 단계에서 결착을 내는 쪽이 보다 간명하다고 할 것이다.

이 장에서는 이와 같은 백의 겨냥과 그 대책을 13가지 형으로 나누어 설명했다. 모두 접바둑에 자주 나오는 패턴이므로 당신의 바둑에 반드시 응용될 것이다.

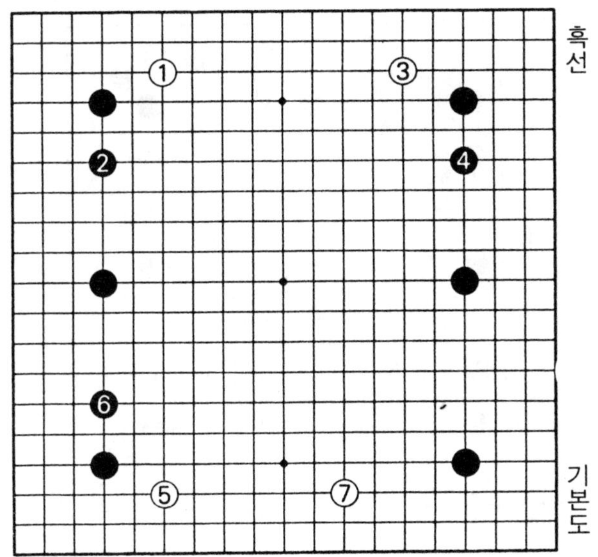

제 1 형
'일찍 지기'의 포석을 간파하자

여섯 점 접바둑이다.

백1·3으로 내리고, 다음에 백5로 하변의 큰 곳을 놓았다. 상변도 하변도 백의 세력권이라고 할 수 있다. 게다가 흑의 세력권을 우변과 좌변으로 분할하게 되어, 이 뒤 흑의 집을 어지럽혀 승패 불명의 바둑이 된다고 할 수 있을 것이다.

접바둑은 초반일수록 흑의 세력이 강하고, 그 세력을 어떻게 분단하는가가 백의 솜씨를 보이는 것이므로 이와 같은 포석을 놓는 것인데, 이 백은 약한 바람에라도 무너질 듯한 모습이다. 말하자면 '일찍 패함'의 포석이므로, 흑은 일찍 이기기 태세를 구축할 찬스이다.

다음 한 수는?

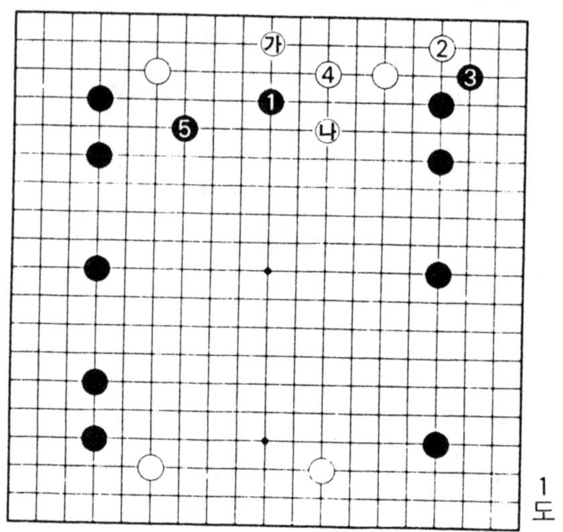

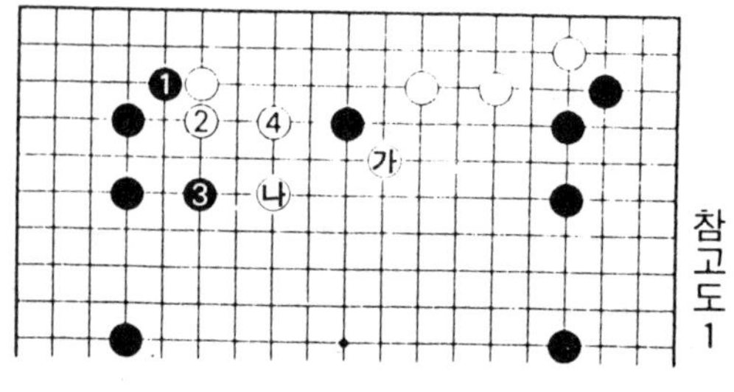

1 도

흑 1 의 놓기로 백이 고전이다. 상변의 백은 수세 일로로 쫓길 것이다.

백 2·4 로 우상을 수습해도 백이 만드는 집은 작다. 흑 5 는 상변과 좌변을 연락하면서 좌상의 백을 공격하고 있다. 다음에 백 가 라면 흑 나 로 압박하여 대우세.

참고도 1

1 도, 흑 5 에서 흑 1 로 좌상의 백을 공격하는 것은 어려워진다. 백 4 의 뒤 흑 가 로 건너기를 멈추면 백 나. 상변의 흑이 고립될 우려가 있어 여섯 점 접바둑으로는 불안하다.

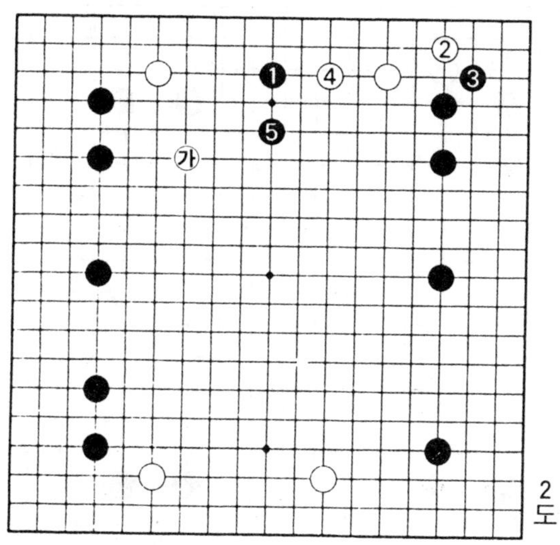

2
도

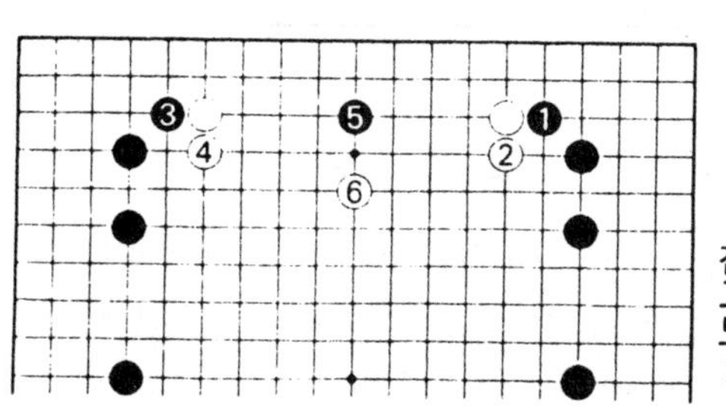

참고도
2

2도

흑1의 낮게 놓기도 유력하다. 백의 건너기를 멈추고, 근거를 빼앗는다는 의미에서는 1도 보다도 강력하다. 그러나 백2·4의 안정시키기 다음, 상변과 좌변의 흑을 한 수로 연락할 수는 없다. 흑5 뒤, 백가 등의 환혹 수단에 헷갈린 듯하다. 강력한 만큼 뒤가 어려워진다.

참고도 2

흑1·3의 마늘모 붙이기를 살리는 것은 백을 강화하여 의문일 것이다. 흑5는 지나친 놓기로, 백6의 호형을 제공한다.

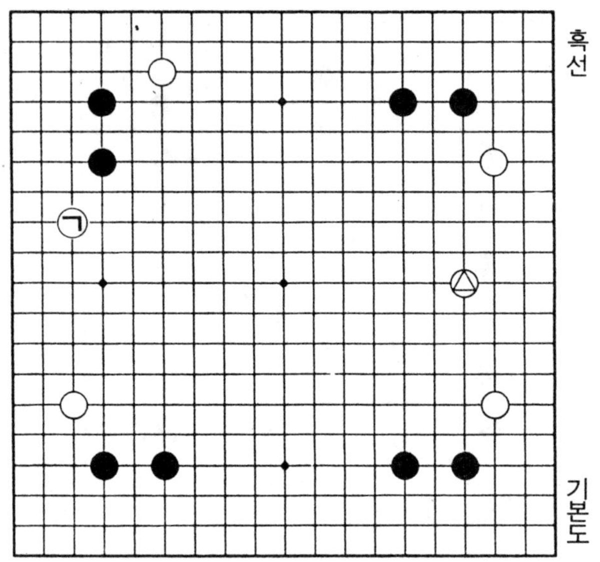

제 2 형
공격의 한길 차가 백의 의도를 허락한다

네 점 접바둑이다. △에 자리잡은 때. 한 칸 뛰기로 걸친 백이 두 개나 있는데 백은 태연하다. 그러나, 서툰 상대방의 실수를 유인하려는 접바둑의 작전으로써는 어쩔 수가 없다.

문제는 흑의 대응이다.

백이 손 빼기를 하고 있으므로 흑에는 강한 놓기가 있을 테지만, 백의 돌은 강하고, 잡을 수 없다는 심리가 앞서 소극적인 수비를 해버린다.

이 포석에서 좌변을 촛점으로 하자. 백ㄱ으로 좌상에 걸치게 하면 좌하의 백으로의 공격을 헤매게 되고, 중점을 놓은 하변의 흑에 영향이 있다. 좌하의 백을 흑은 어떻게 공격할까.

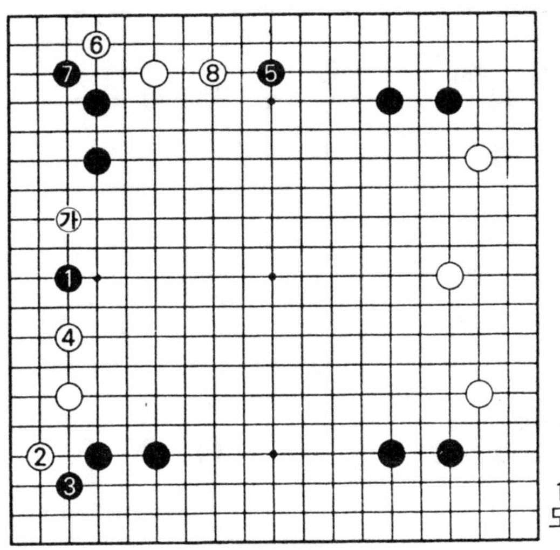

1도

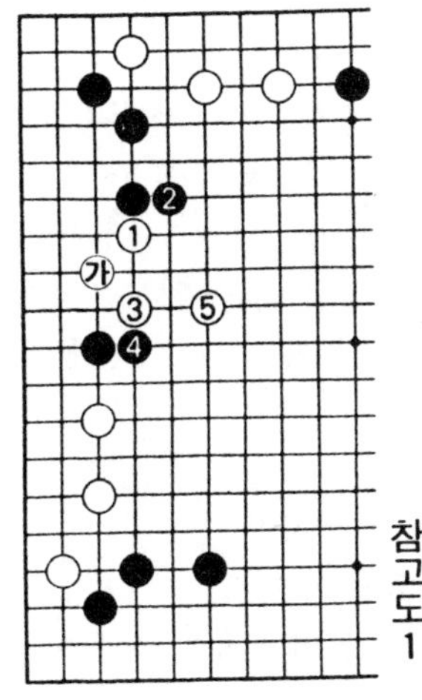

참고도 1

1도 흑1의 놓기는 백가를 막는 일석이조의 호점이다. 백2에서 4까지가 정석.

마찬가지로, 흑5의 놓기도 백8까지 흑이 큰 곳을 놓기로 돌고 있다. 이것으로 백이 나빠지지 않는다. 그러나, 좌변도 상변도 흑이 집을 완성시켰다고 생각하는 것은 잘못이다.

참고도 1

백에서부터 1로 붙이고, 3·5로 좌변의 흑집을 깨면서 흑의 고립을 겨냥, 또 백1에서 가로 놓는 수단이 있어 흑집은 미완성이다.

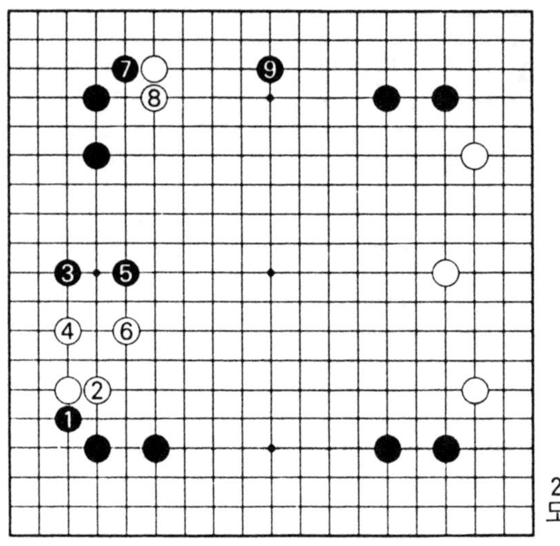

2도

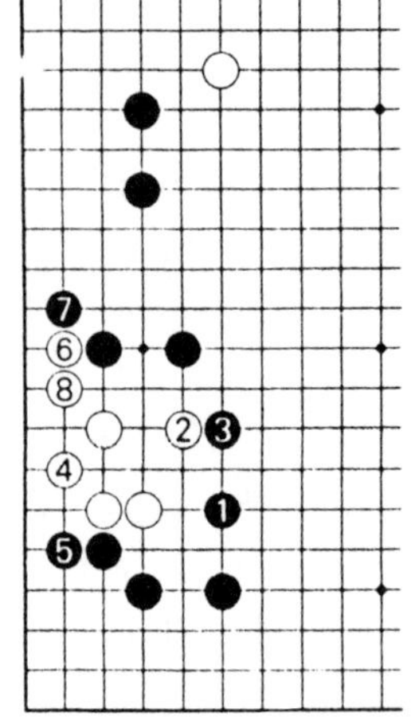

2도

혹1의 마늘모 붙이기는 백을 무거운 형으로 하여 공격하고 있다. 이 뒤 백2, 혹3이다.

여기에서 백4의 한 칸이라면 혹5로 뛰어 혹이 작용하게 될 것이다. 백6으로 받게 하고, 혹7·9로 상변으로 돌아, 변의 수비가 가해진 만큼 혹이 좋다. 백4는 세력의 중복이다.

참고도 2

2도 백6을 빼면 혹1이 강력한 공격이다. 혹3으로 막아 넣고, 백8까지 밖 놀기의 혹이 강해진다.

참고도 2

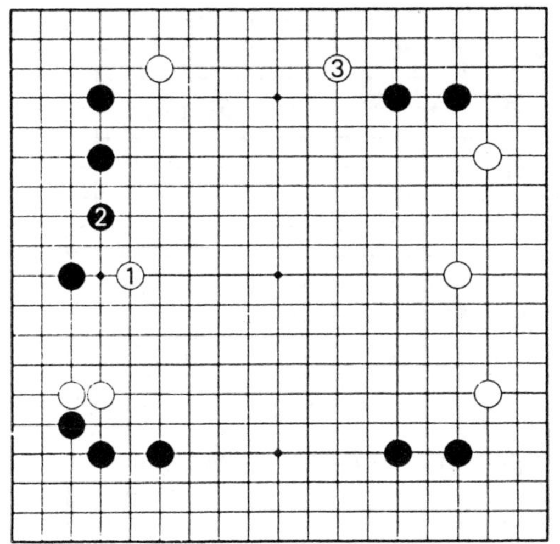

3
도

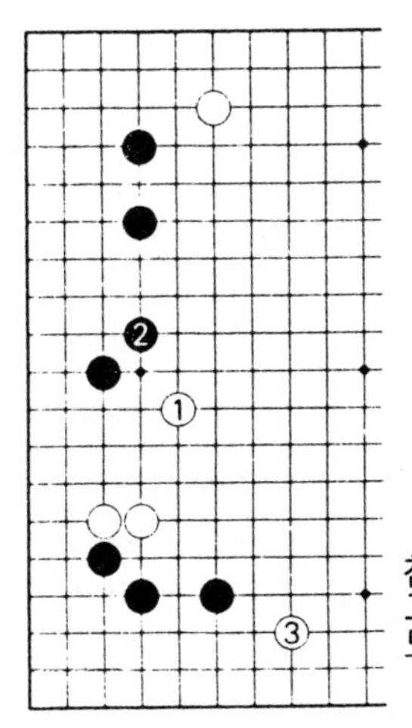

참고도
3

3도

좌하의 백 두 점은 흑에 공격당하고 있다. 그러나, 2립의 백은 세력을 증가한 강한 돌이 되어 있다고 생각하지 않으면 안된다.

그리고 2도, 백4에서는 백1로 강한 돌을 잔뜩 작용시켜 놓는다. 흑2의 수비라면 백은 손 빼기로 상변 백3의 호점으로 돌 것이다.

참고도 3

백1의 날일자도 가볍게 탈출하는 유력한 놓기이다. 흑2로 받게 하고 좌하의 흑에 백3으로 반격해 간다.

64

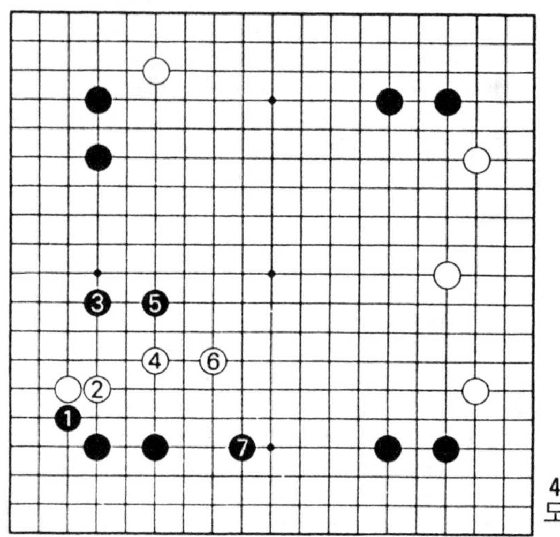

4
도

4 도

흑1의 마늘모 붙이기는 백도 강화되어 있다는 것을 생각하지 않으면 안된다. 그러나, 네 점 접바둑, 다섯 점 접바둑에서는 강하게 놓는 방법이 필요하다.

흑이 늦추지 않고 백을 공격하는 것은 흑3으로 강력하게 쫓는 것일 것이다. 흑5·7이 작용한 형.

참고도 4

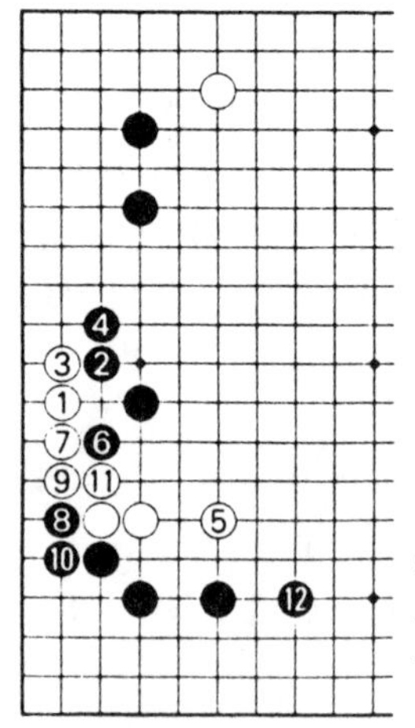

참
고
도
4

백1로 놓으려는 것은 흑2·4로 받아 좌상이 굳는다. 백5라면 흑6에서 12로 좌하를 굳혀 호수가 될 것이다.

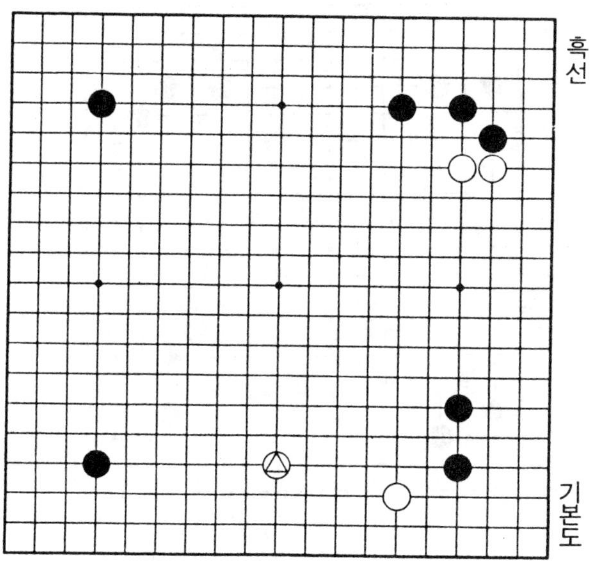

제 3 형 손 빼기 작전에는 강경한 공격

네 점 접바둑이다. 백△에 준비한 때.

처음부터 네 귀에 세력을 주고 있는 핸디캡을 백이 극복하는 것은 용이하지 않다.

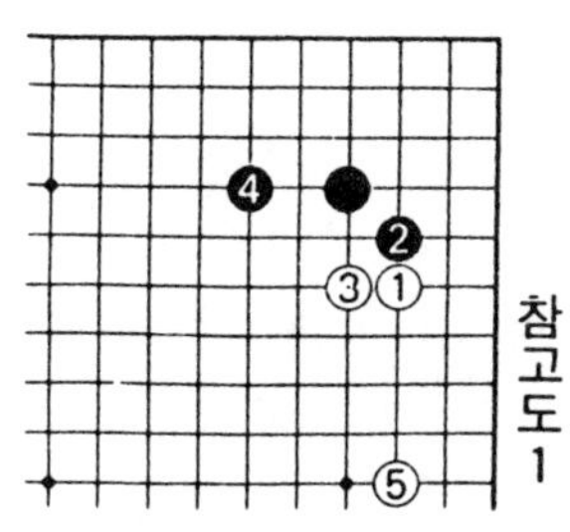

우상의 형은 **참고도1** 백1의 걸치기에 흑2의 마늘모 붙이기에서 **4**로 뛴 것. 보통이라면 백5의 2립3석으로 백 충분하다. 그러나 하나하나 정중하게 받는 것으로는 네 점의 스피드에 쫓기는 결과가 된다.

백의 손 빼기 작전은 접바둑의 상용수단. 흑은 망설이지 않고 손 빼기를 찌른다.

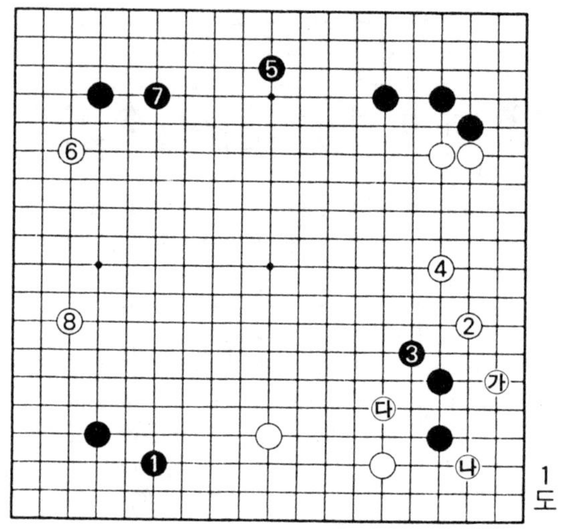

1도

우상의 백의 공격도 선행이 불안하다는 사람이 많은 것 같다. 그래서 선택한 것이 흑1의 조임. 하변의 백의 발전을 멈추고, 귀의 땅을 굳히려는 소극적인 놓기이다.

놓인 돌의 세력을 집 취하기에 이용하려는 생각으로 백을 분쇄할 수 없다.

백2·4로 우변을 둘러싸 우하의 흑의 세력이 반감한다. 게다가 이 뒤 백가, 흑나, 백다로 서툴게 놓으면 눈모양에까지 걱정스러워진다.

흑5의 큰 곳에 백6·8로 좌변을 놓아, 흑의 집은 3군데로 분할된다. 게다가 집다운 크기를 가지고 있는 것은 상변뿐이므로, 이 단계에서 싸우면 집 싸움이 되어버린다. 그리고, 집의 나뉨과 서툰 사람이 가장 자신이 없는 종반으로 승부가 나기 때문에, 흑이 이기기는 용이하지 않다. 이것이 집바둑에서 지는 패턴이다.

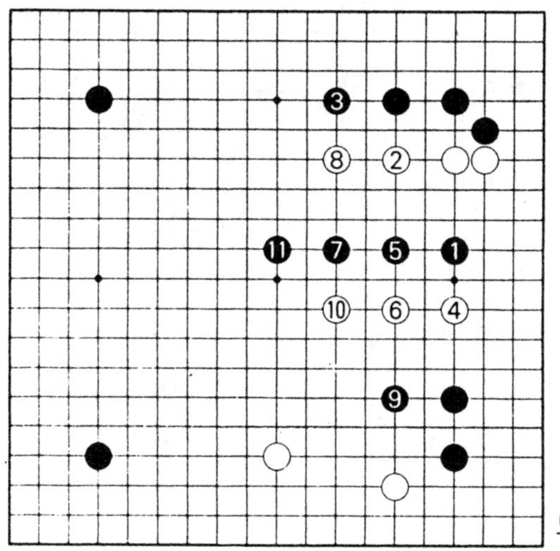

2
도

2도

우상의 백 두 점은 고립되어 있다. 게다가 우상이나 우하에는 흑의 세력이 있어 흑은 강력하게 공격하여 세우는 조건이 준비되어 있다.

흑1이 최강의 공격이다. 백2, 흑3으로 공격하면서 집을 굳혀 편한 싸움. 그리고, 백이 우상의 세력을 배경으로 백4로 놓으면, 흑5에서 11의 중앙선 돌파이다. 이것으로 낙승.

참고도 2

백1로 놓는 것은 흑2에서 12.

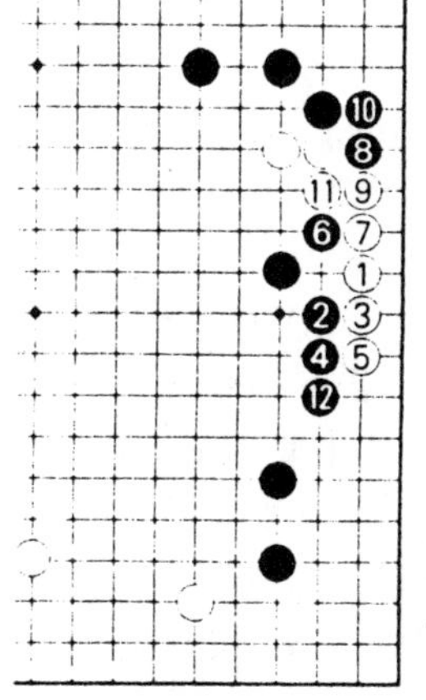

참고도 2

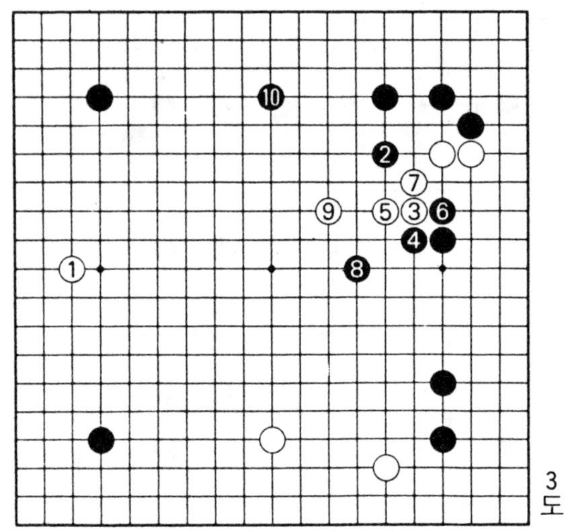

3도

손이 빼어지면 놓기가 곤란하다고 말한다. 대부분의 경우 손 빼기는 불리함으로 반드시 돌이 움직일 것이고, 움직여낸 형에는 익숙해져 있다.

손 빼기의 약점은 그 뒤의 형에 익숙하지 않기 때문일 것이다.

우상의 백 두 점을 끼워, 백의 움직임을 촉진한 때. 백은 더욱 손을 빼어 좌변의 큰 곳에 놓았다고 하자. 흑의 격렬한 공격이 계속된다.

흑2가 강력하다. 여기에서 더욱 백이 손을 빼면 흑5로 봉쇄하여 중앙으로 세력을 만들면서 백 두 점을 취한다.

백3으로 도망쳐 내는 방법밖에 없을 것이다. 흑은 4·6으로 백의 형을 부수면서 중앙으로 쫓고, 우변의 흑집이 굳는다. 백9의 도망치기도 아직 뜬 돌. 흑10까지 백은 손 빼기 때문에 치명적인 타격을 받고 있다고 해도 좋을 것이다.

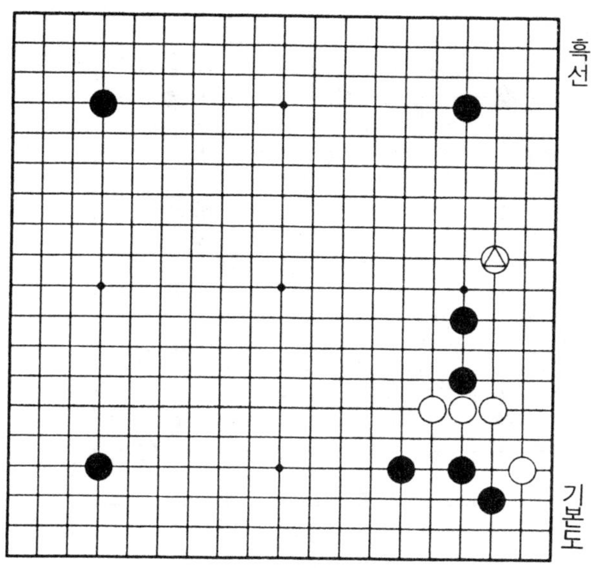

제 4 형
정석에 어긋난 협박에는 강수로 반발

네 점 접바둑이다. 백△에 놓은 때.

우하는 **참고도1**의 백1의 놓기가 정석이다. 이것은 백의 돌이 변의 제2선에 압박된 형. 게다가 흑2에서 8의 정형 수단이 있다. 실제로는 백 충분하지만, 백은 수비를 빼고 흑 두 점을 공격하려고 한다. 이 정석에 어긋난 협박에 흑은 어떻게 놓아야 하는가.

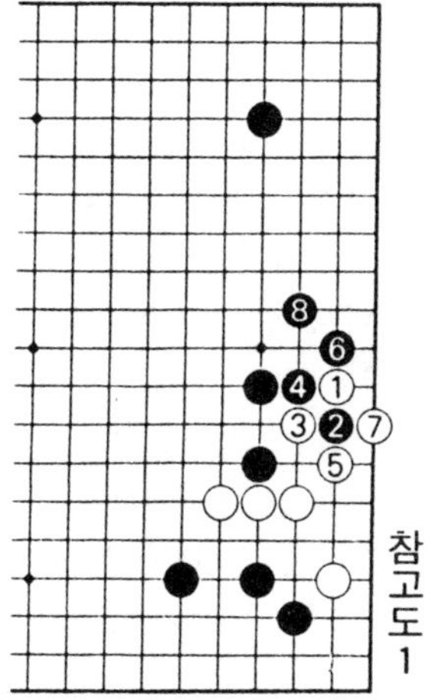

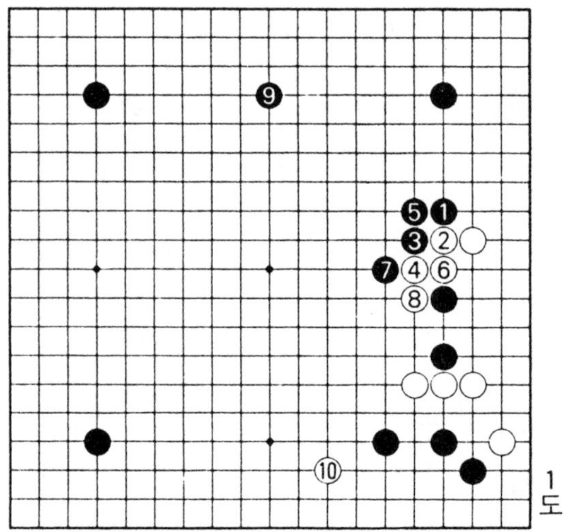

1도

상수의 심리는 우변의 혹 두 점을 공격하고 있는 것일 것이다. 그 원점은 우하의 백이 강하다는 판단이다

혹은 1에서 우변의 두 점을 버리고, 중앙을 두껍게 하여 상변의 큰 곳으로 돈다. 이것은 무기력한 놓기이다. 백의 확정집 20집 이상, 우하의 흑도 약해져 흑이 큰 손해인 형이다.

참고도 2

1도 흑5에서 1로 끊어 변화하는 것도, 백 2·4로 우변의 백을 강화시켜 안된다.

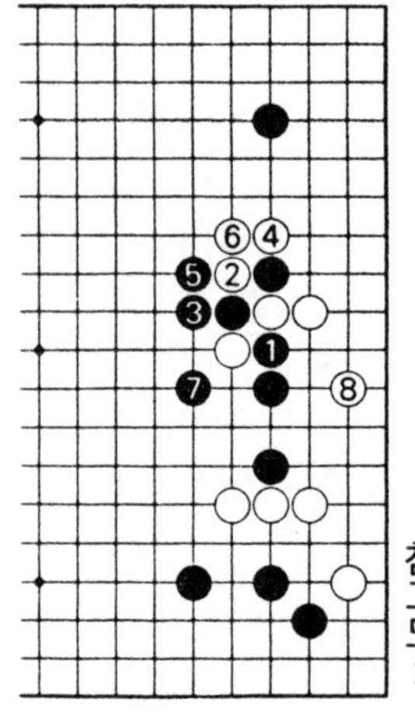

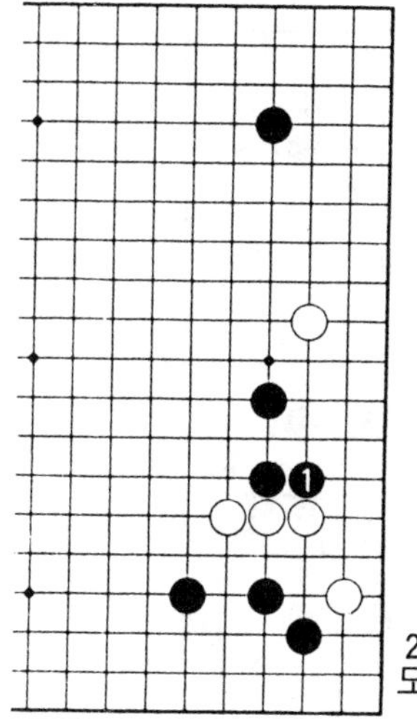

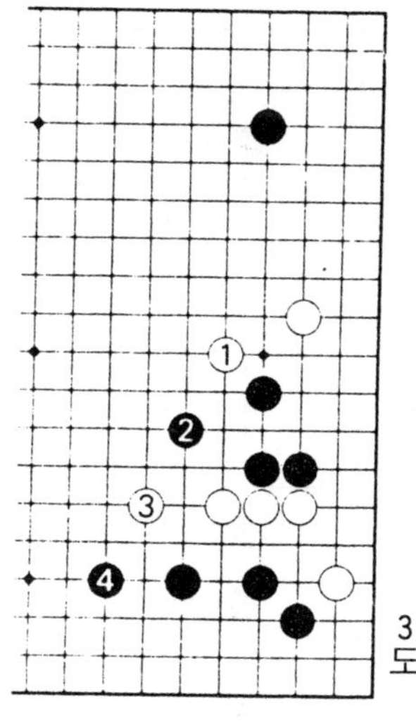

2
도

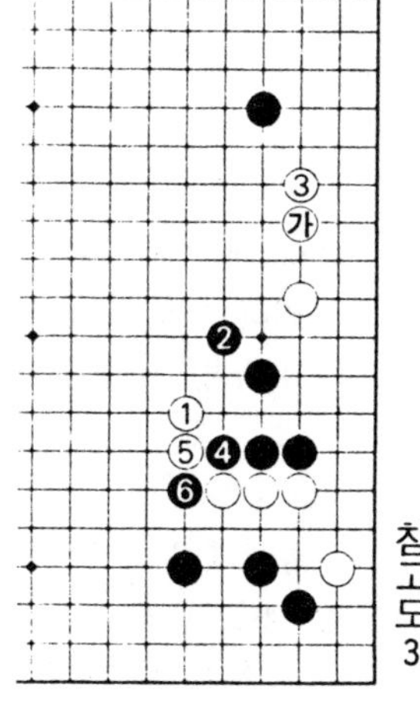

참
고
도
3

2도

우하의 백이 강한지, 흑 두 점이 강한지는 다음 흑1의 한 수로 정해진다. 백은 근거를 잃어 곧 들뜬 돌. 우변의 백의 공격은 공중에 뜬다.

3도

백1로 공격해도 흑2·4로 백이 괴로운 형.

참고도 3

우하의 백에게 백1로 공격하는 것은 흑2의 도망치기이다. 다음에 가의 놓기와 4·6의 절단을 겨냥하여 백의 숨통이 끊어진 형이다.

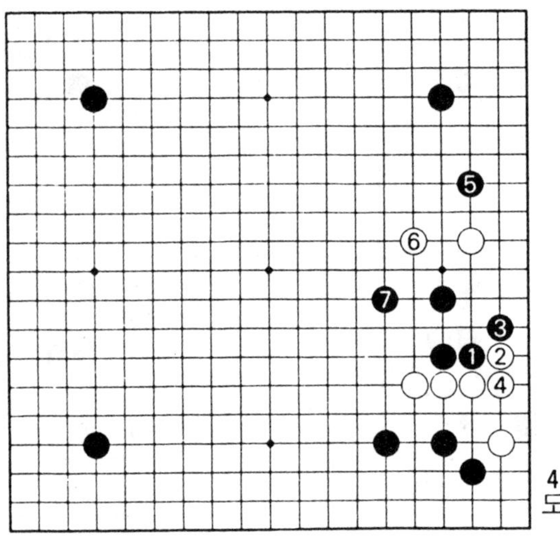

4 도

4 도

혹 1 의 누르기에 백 2 · 4 로 젖혀 근거를 만들려고 했다. 혹은 우변의 백의 건너기를 멈추고 있기 때문에 혹 5 의 끼우기로 위의 백을 공격해 세운다.

백 6 이라면 혹 7. 상하의 백을 2 분하여 중앙으로 내면 혹이 편한 싸움. 혹을 공격하려고 한 우변의 백 두 점이 오히려 부담이 되어 있다.

참고도 4

우하를 손 빼어 백 1 로 우변을 안정시키면 혹 2 · 4 로 백의 근거를 빼앗는다. 백 5 는 혹 가 의 막기.

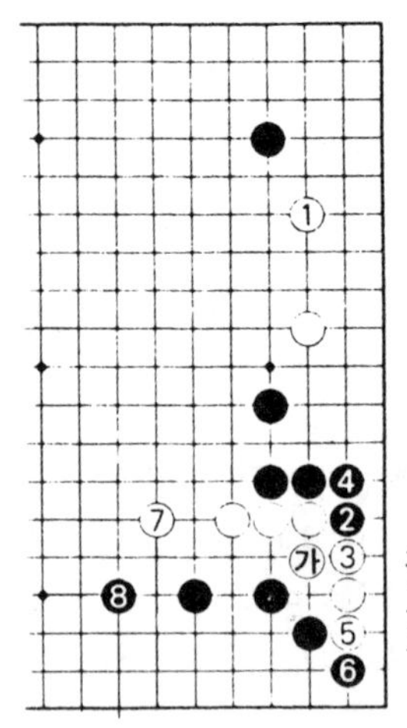

참고도 4

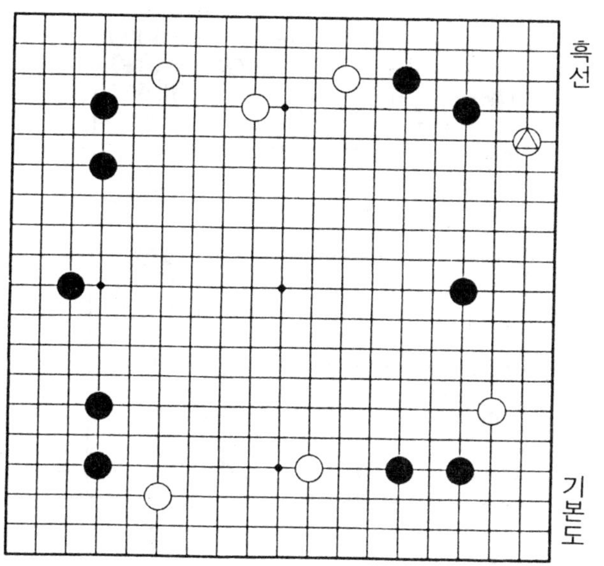

제 5 형

끝 걸치기 겨냥에는 자재(自在)의 받기

네 점 접바둑이다.

우변은 흑의 세력권. 우상만으로 15눈의 집은 전망할 수 있을 것이다. 그리고 집에 욕심을 내는 흑의 마음을 찌르듯 백 △의 침입이다.

흑은 귀에 구애되지 않는 자재의 받기를 생각한다.

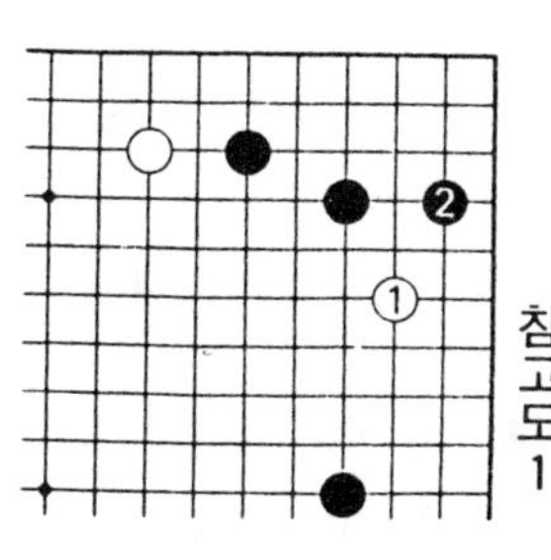

참고도 1

평범한 백 1 의 걸치기에는 흑 2 로 귀를 굳힌다. 백 1 의 한 점을 도망쳐 내는 것은 어지럽히기가 불충분.

얼마간이라도 귀를 파먹는 것이 **기본도**, △ 의 겨냥이다.

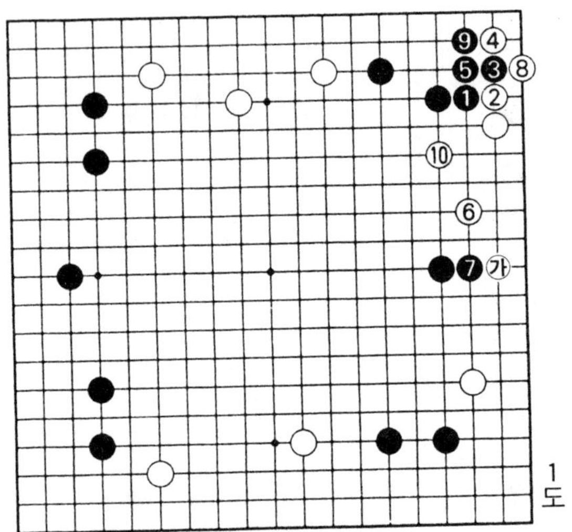

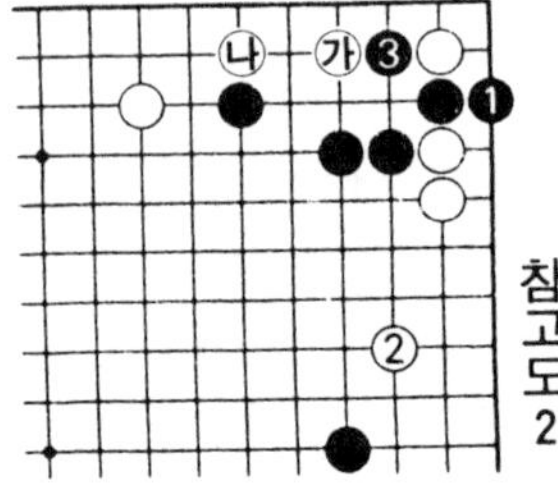

1도

귀의 3·3을 지키는 제1의 수는 흑1이다. 그러나, 이것에는 백2의 벌리기에서 4의 끼워붙이기가 맥. 흑5의 잇기는 어쩔 수 없다.

백은 귀의 흑집에 파고들기, 6으로 우변을 수습한다. 흑7은 백가의 막기. 그리고 백8의 건너기를 살린 다음 10으로 형을 정비, 백 충분히 놓기로 돌 것이다. 귀의 집이 작아져 있다.

참고도 2

1도, 흑5에서 1로 내려 저항했다. 백은 2로 우변을 지킨다. 귀의 흑집에는 백가, 흑3, 백나로 어지럽히기를 겨냥하고 있기 때문에 흑3의 수비는 뺄 수 없다.

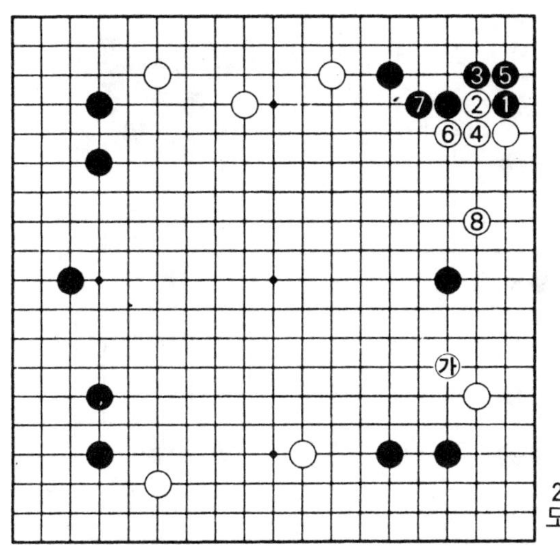

2
도

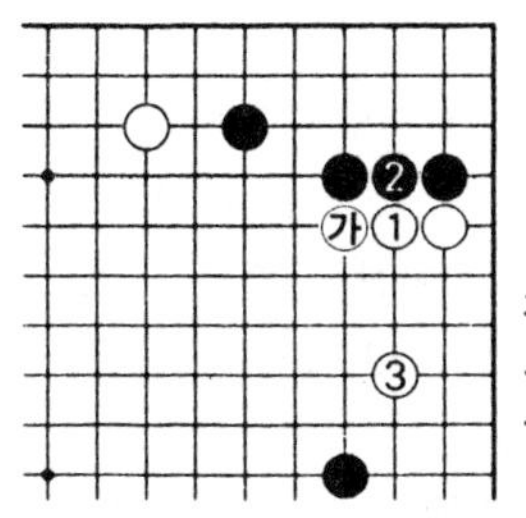

2 도

혹 1 의 붙이기는 백의 귀로의 파
고들기를 멈추려고 놓은 것이다.

백 2 의 젖혀넣기가 맥이다. 혹 3
이라면 백 4 로 잇고, 혹 5 · 7 로 받
게 하고, 백 8 로 벌려 수습한다. 이
뒤 혹 가 로 놓는 정도.

혹 1 에서 2 라면 백 1, 혹 1 쪽이라면 백 2. 모두 백이 성공
한 것 같지만, 이것이 결정판이라고는 할 수 없다.

참고도 3

2 도, 백 2 에서 백 1 의 뻗기는 혹 2 로 이어 혹이 첫째가는
형이다. 백은 가 의 누르기가 듣지 않기 때문에, 백 3 으로 벌
려도 확실히 수습한다고 할 수 없다.

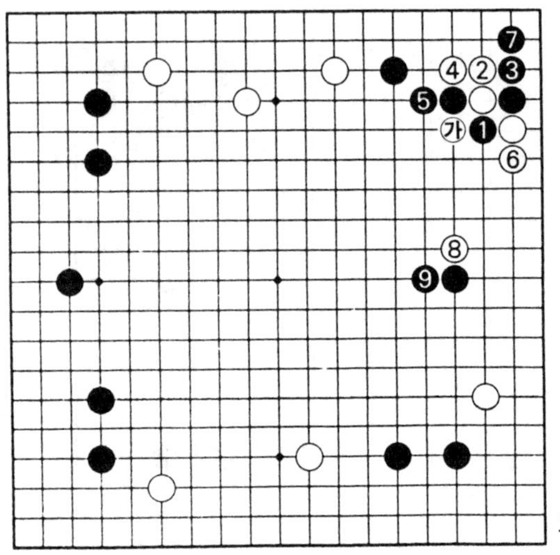

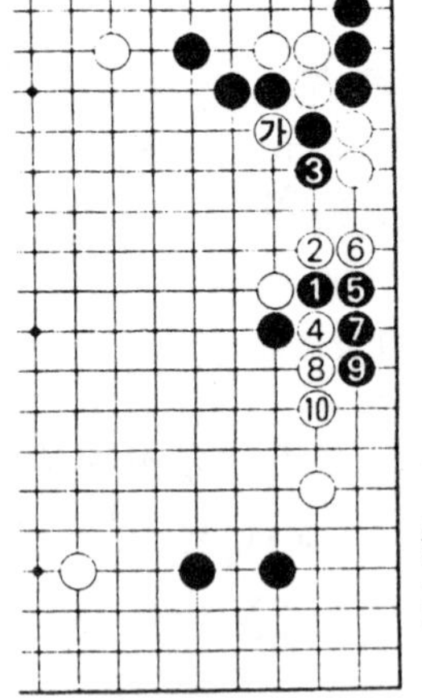

3도

2도의 혹3의 변화이다. 백이 강경하게 귀로 피고들기를 겨냥하면, 그 수를 역수로 취해 혹1의 반격이 강력하다. 혹3·5로 백 고전이다.

백6으로 밖에 끼우기를 구해도, 혹7로 취해가면 충분. 백8의 붙이기는 백가를 겨냥하는 유혹의 수. 혹9로 뻗어 백에 여유를 주지 않는다.

참고도 4

3도, 혹9에서 혹1로 젖히거나 하면 백에게 여지를 준다.

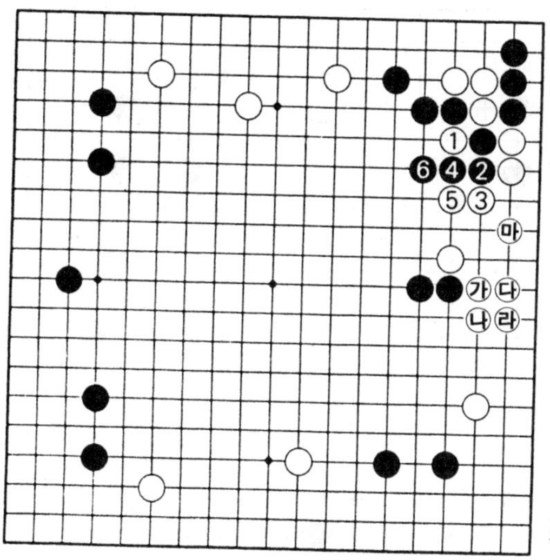

4 도

4 도　　3 도 뒤, 백은 1 의 끊기에서 3
· 5 로 우변의 형을 정비하는 정도
일 것이다.

　흑 6 으로 뻗어 우상귀에 15집 이
상의 집을 굳혀 아직 우변의 백이
약하다. 백이 살기 위해서는 백가,
흑나, 백다, 흑라, 백마 가 필요하
다. 우변의 흑이 강화되어 흑이 놓
기 쉬워진다.

참고도 5

　3 도 백 6 의 변화이다. 백 1 에서
5 까지 귀를 어지럽혀 살 수가
없다. 이번에는 흑의 외세가 두껍
다. 흑 6 · 8 로 우하를 공격하여 낙
승이다.

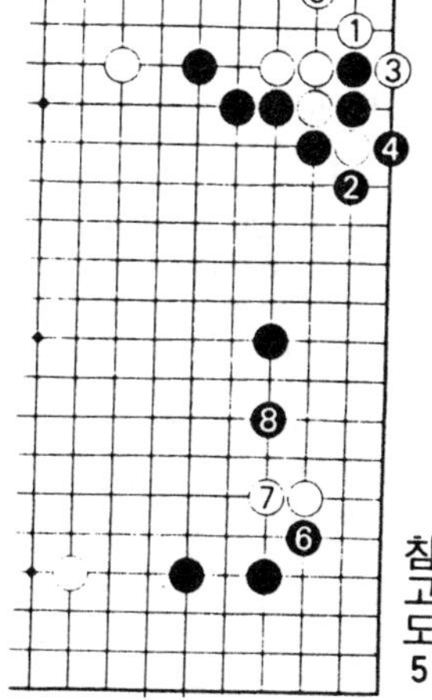

참
고
도
5

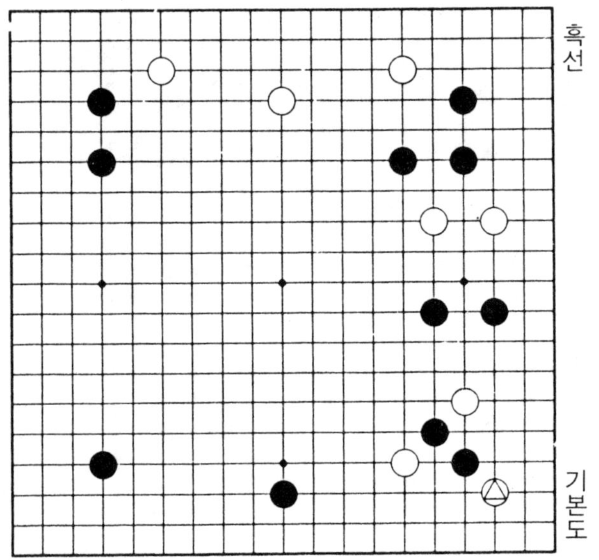

제 6 형

이자택일의 장면에서 수를 넘겨 받다

네 점 접바둑이다. 백△에 넣은 때.

흑에 수를 건네주고, 어느 쪽인가를 선택하게 한다는 것은 백의 상용 테크닉이다.

이자택일의 경우, 서툰 쪽은 우열의 판단에 헷갈릴 것이고, 특히 방향을 틀리기 쉽다. 그것이 백이 주목할 점.

그런데, 이 형에서는 흑집을 우변으로 할 것인가, 하변으로 할 것인가가 중대한 분기점이다. 집이라는 것과 우변의 흑 두 점, 하변의 흑 한 점의 장래도 함께 생각하지 않으면 안된다. 여기에 맹점이 있다. 변의 돌을 지키게 하려는 격이 백의 겨냥이 되어 있다는 것을 알면, 뒤 해결이 쉬워질 것이다.

흑의 다음 한 수는?

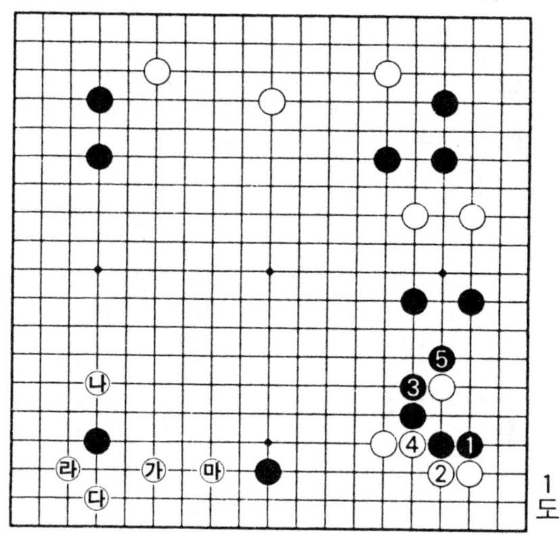

1 도

흑 1 쪽을 눌렀다고 하자.

백 2 에서 흑 5 까지는 정석의 형이다. 그러나, 이 포석은흑의 세력이 분산하고, 집이 세분화되어 안된다.

이 뒤, 백가의 건너기로 하변의 흑 한 점이 고립된다. 흑나, 백다, 흑라, 백마 뒤, 하변을 움직여 내도 백의 공격목표가 될 것이다. 그리고, 흑의 집은 좌변, 우상, 우변으로 보기에는 백집 보다 커도 압도적으로 큰 집이 아니기 때문에 전도가 긴 바둑, 백에게 찬스를 주기 쉬운 바둑이 된다.

접바둑에서 상수를 분쇄하기 위해서는 놓인 돌을 작용시킨집 싸움이 차선의 책이다. 놓인 돌을 세력으로 하여 백을 공격하지 않으면 안된다. 그러면 흑은 우변보다도 하변과 좌하의 세력을 관련시키고, 우변의 흑 두 점을 가볍게 보는 것이 백의 의도를 깨는 것이 된다.

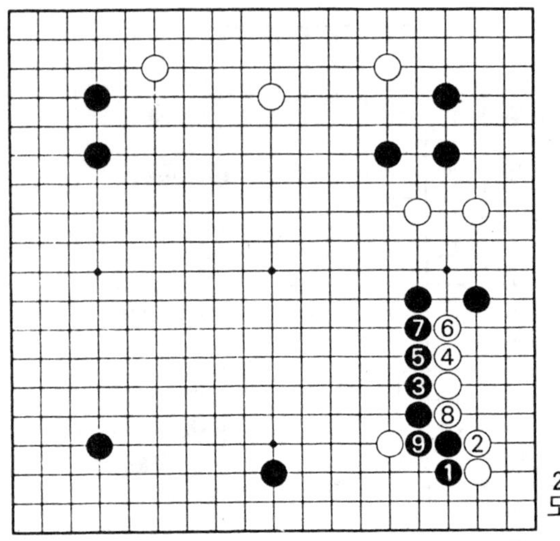

2도

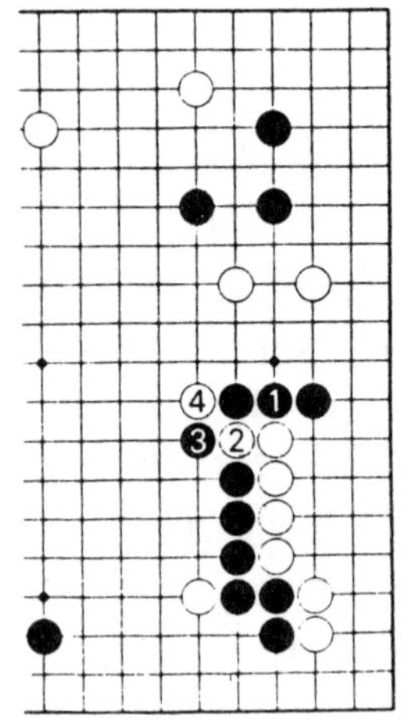

2도

　흑1 쪽에서 누르지 않으면 안된다. 백2·4로 귀의 실리를 빼앗아 부분적으로는 백이 유리하다. 그러나, 귀의 손해는 하변에서 놓아지므로 흑 충분. 게다가, 이 형에서는 다음에 우변을 관련시켜 흑 5·7로 중앙을 굳히는 유력한 수단이 있어, 흑의 두꺼운 맛이 전국을 제압한다.

참고도

　전도, 흑7에서 흑1로 우변에 구애되면 모처럼의 작전도 실패. 백 2·4의 절단으로 하변의 흑도 얇아져 최악의 결과이다.

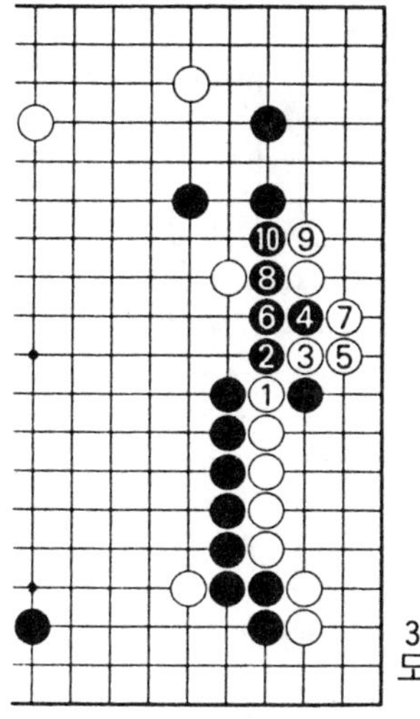

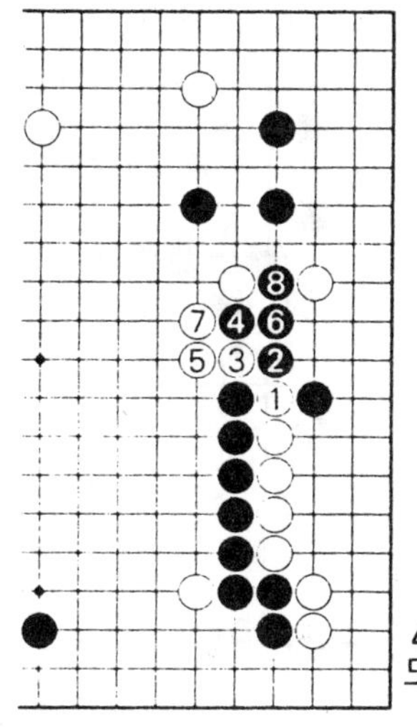

3도

백1·3으로 내끊는 진행이다.

흑4에서 10까지 철벽의 진. 흑 대낙승일 것이다.

4도

백3의 위 끊기는 흑4에서부터 8까지의 찔러 빼기이다. 중앙의 백, 우변의 백이 뿔뿔이. 이것도 흑 필 승이다.

5도

백1은 양 끊기의 맥. 흑2의 잇 기에서 4로 단수, 중앙을 굳히고, 우변은 흑6의 움직여 내기이다. 흑16으로 흑 좋다. 백7에서 **가** 는 흑**나**, 백**다**, 흑8로 산다.

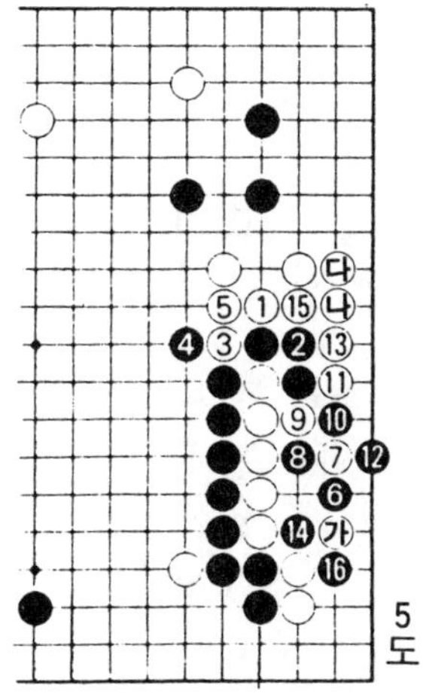

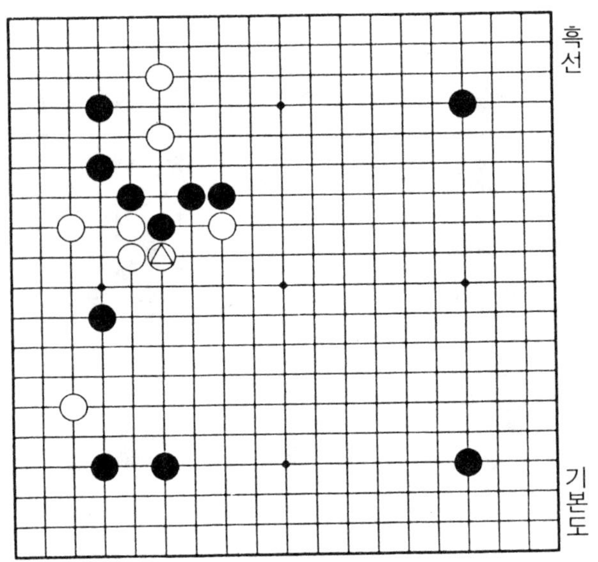

제 7 형

전선이 확대된 국면의 촛점을 잡는다

네 점 접바둑이다. 백 △으로 구부린 때.

좌변의 싸움은 **참고도 1**의 흑 1 에서부터 시작한다. 백의 겨냥은 좌변의 흑 한 점처럼 보인다. 그러나, 돌수가 증가해 가면 전황이 시시각각으로 변화해 간다. 그것이 백이 주의할 점. 촛점을 잡아 백의 겨냥을 깨지 않으면 안된다.

흑의 다음 수는?

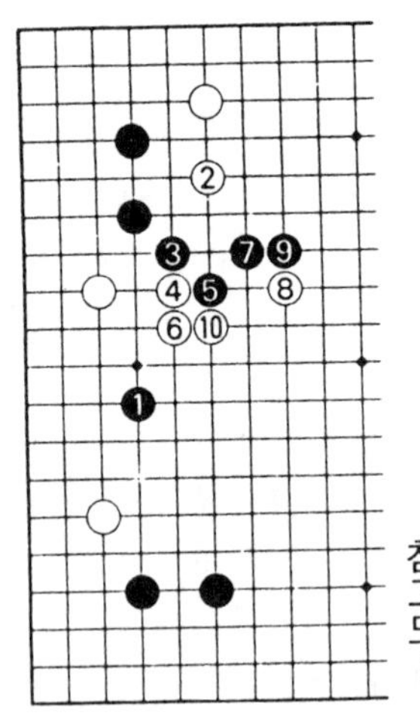

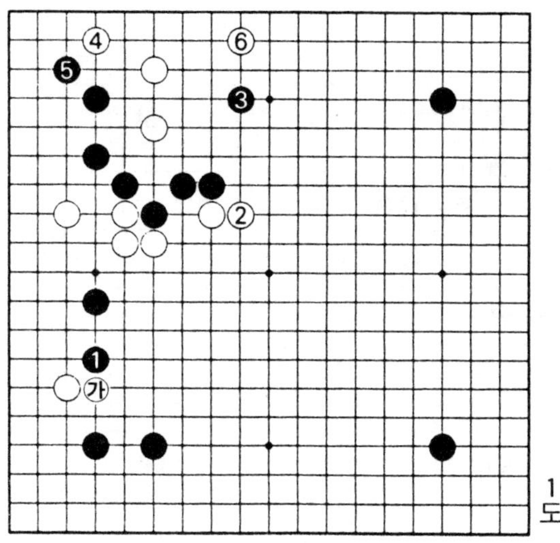

1도

좌변의 흑 한 점이 걱정이다.

흑1은 좌하의 부분이 공방의 요점. 백을 공격하면서 흑을
강화하는 일석이조의 수가 된다. 그러나, 현재의 싸움의 촛
점은 중앙으로 옮겨 갔다.

백2의 뻗기가 전국을 지배하는 절호점이다. 이것으로 좌변
의 백이 강화되고, 약한 좌하의 백 한 점에도 백가로 반격하
는 겨냥이 생긴다. 게다가 중앙의 백이 강해지면 좌상에서부
터 중앙으로 나와 있는 흑에 위험이 따르고, 상변의 백 두 점
을 공격할 수 없다.

흑3의 공격에는 백4·6으로 수습한다. 여기까지의 싸움
에서 흑이 주도권을 갖고 있는 것은 좌하뿐이므로 네 점의 놓
인 돌을 작용시켜 큰 싸움이 되어 포석에서 백을 압도하는 찬
스가 사라진다.

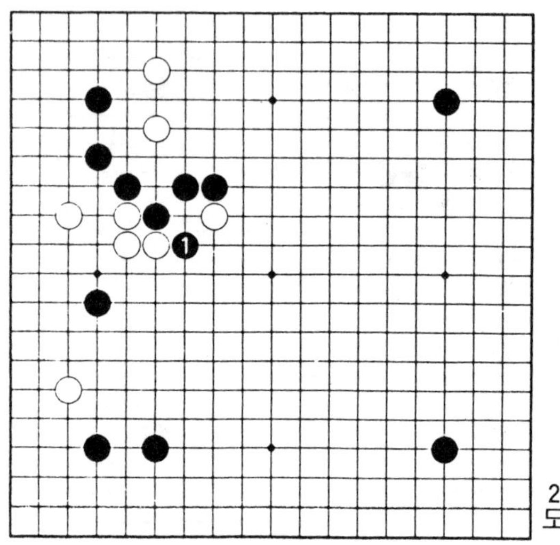

2도

혹1의 젖혀내기가 촛점을 잡는 최강수이다.

좌변의 혹 한 점의 공방은 상변이나 중앙의 싸움에서 보면 작은 문제가 되어 있다. 좌상의 혹을 단단히 굳히면 상변의 백 두 점이 약해지고, 이들의 전장이 된 중앙에서 우위를 확립할 수 있을 것이다.

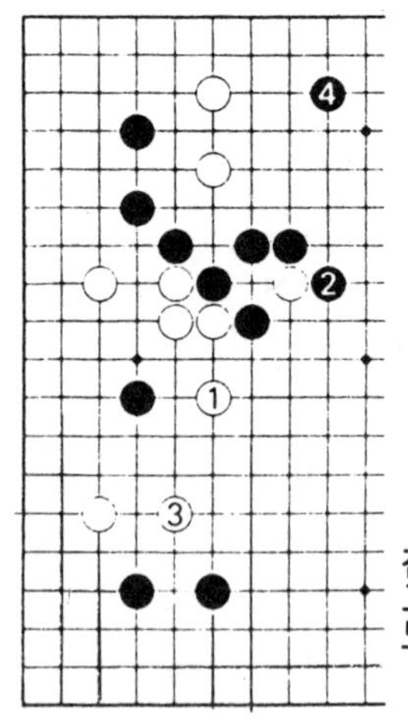

참고도 2

백1·3으로 좌변을 놓았다고 하자. 혹2의 젖히기로 중앙을 강화하고, 4로 상변의 백을 공격하여 혹의 편한 바둑이다.

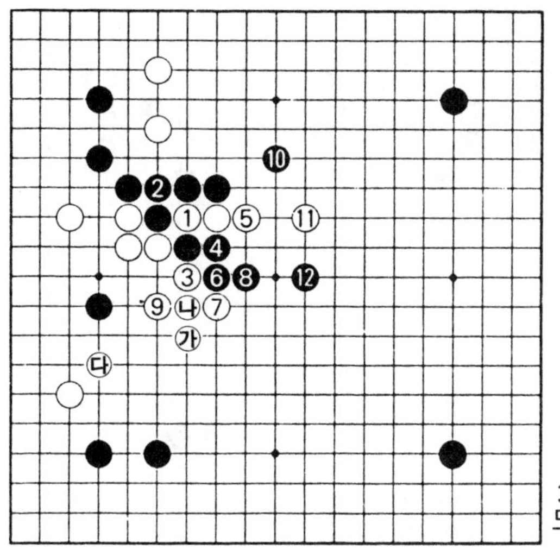

3
도

3 도

중앙을 제압당하면 백 불리. 그리고 백1의 끊기에서 중앙의 싸움이 예상된다. 흑은 **4·6**으로 도망쳐 내어 중앙의 백을 공격한다. 상변과 중앙의 백이 약해져 흑 페이스의 싸움이 될 것이다. 흑**가**, 백**나**, 흑**다**의 유력한 수도 남는다.

참고도 3

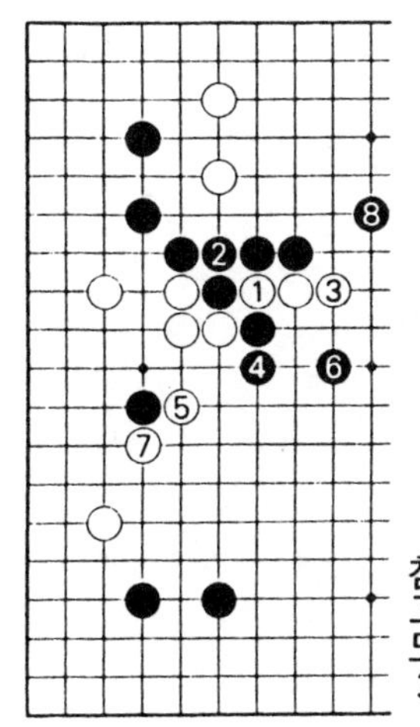

참고도
3

백**1·3**으로 놓는 변화이다. 백**7**로 좌변의 흑 한 점을 취했지만, 흑**8**로 공격당해 드디어 백이 괴롭다. 좌변의 한 곳으로 집으로는 불리한 싸움을 커버할 수 없다.

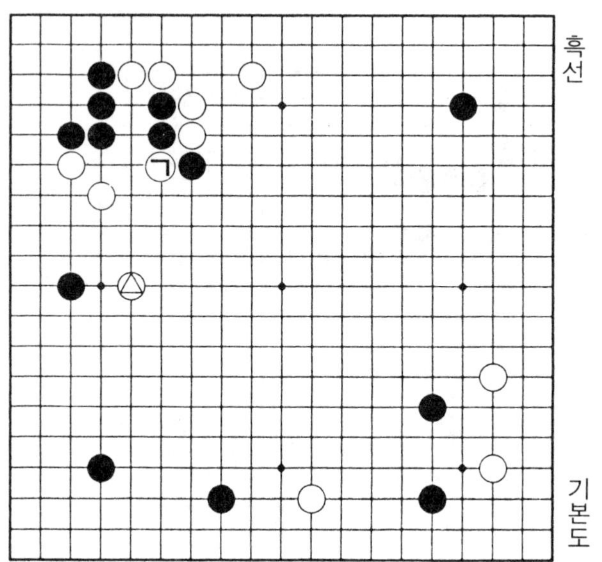

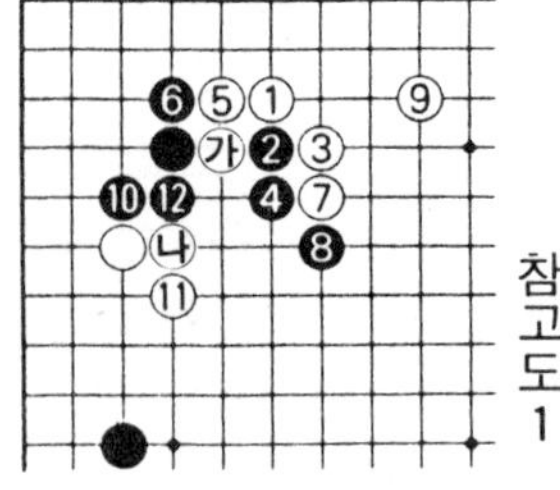

제 8 형
유혹의 틈에 수를 내지 말라

세 점 접바둑이다. 백 △에 칼끝으로 낸 때.

좌상의 변화는 **참고도1** 백1의 양걸치기 정석으로 되어 있다.

백9의 날일자 받기는 **가**의 내

끊기를 강조하고 있기 때문에, 흑10·12로 수 단단히 연결했다. **12**에서는 **가**로 잇고, **나**의 대어넣기도 정석이다.

그런데, △은 **ㄱ**의 결점을 겨냥하고 있지만 상당히 얇은 형이다.

여기에서 흑은 어떻게 놓으면 좋을까.

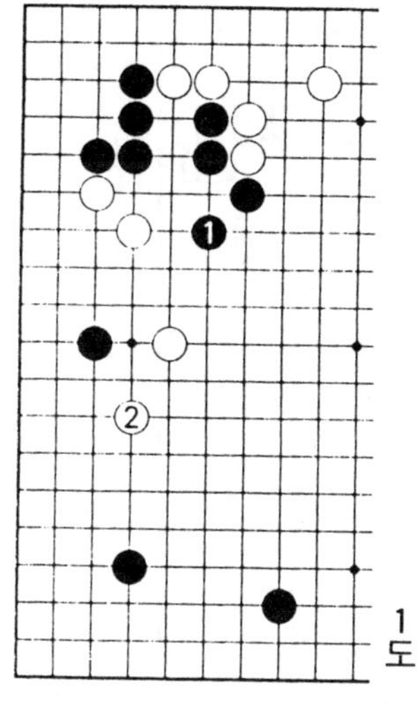

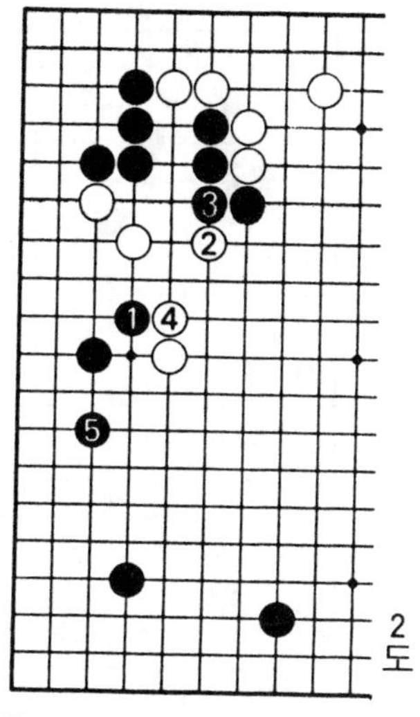

1도

좌상의 흑 결점이 마음에 걸린다.

흑1로 받으면 백은 살아, 백2로 좌변의 흑 한 점에 공격을 걸어 백의 작전 성공이다.

2도

흑1은 백의 얇은 맛을 겨냥한 수이다. 그러나 여기에서 백2의 빼기를 살게 하고, 백4로 되돌려 흑1은 악수가 되어 있다. 이것은 참고도2의 백1·3에 대해서는 흑 가가 백의 얇은 맛을 겨냥한 수가 되고, 나의 마늘모로는 백을 굳혀 버리게 할 것이다.

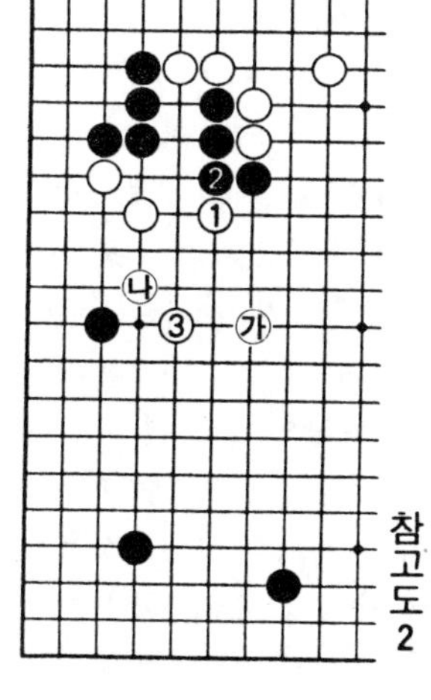

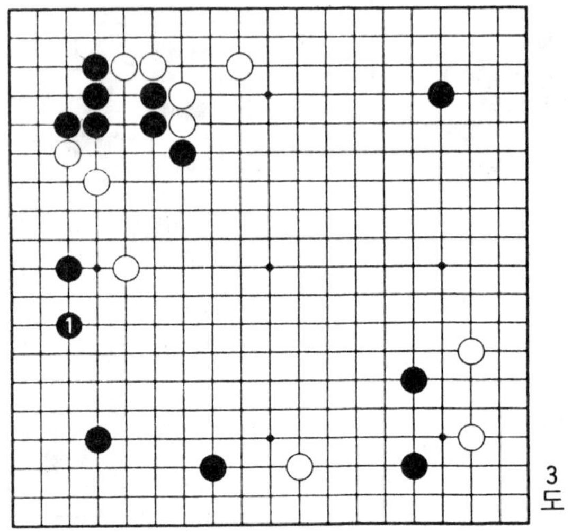

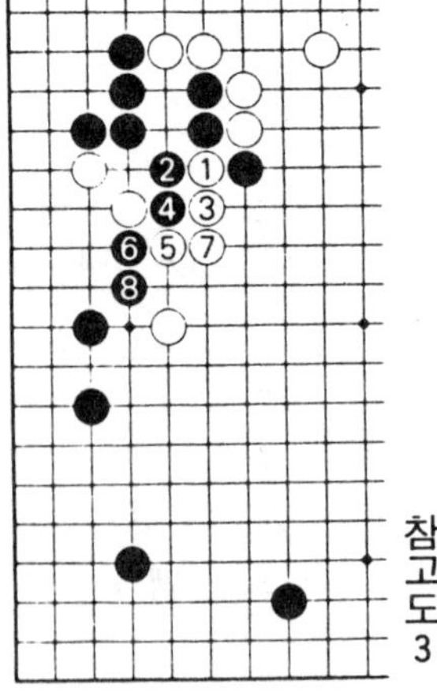

3도

혹의 바른 받기는 혹1. 좌변을 단단히 굳혀 백의 유혹에 따르지 않는다. 이것으로 백은 뜬 돌, 혹의 공격 목표가 되어 있다.

혹이 좌상의 틈을 그대로 두고 있는 것은 **참고도 3** 의 백 1 로 끊어도 혹 2 에서부터의 반격을 준비하고 있기 때문이다.

백 5 뒤, 혹 6 으로 끊어 다음 혹 7 의 끊기가 양단수. 백은 7 로 수비, 혹 8 까지 좌상의 백 두 점을 취하여 혹이 상당히 유리. 이것은 백 쪽이 혹의 유인에 빠진 것이 된다.

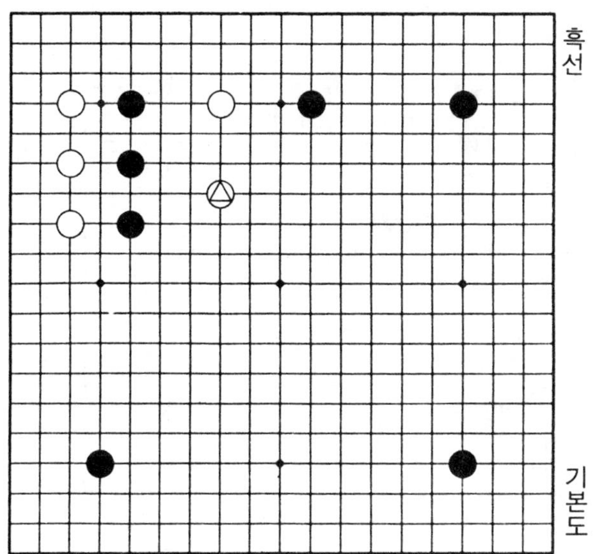

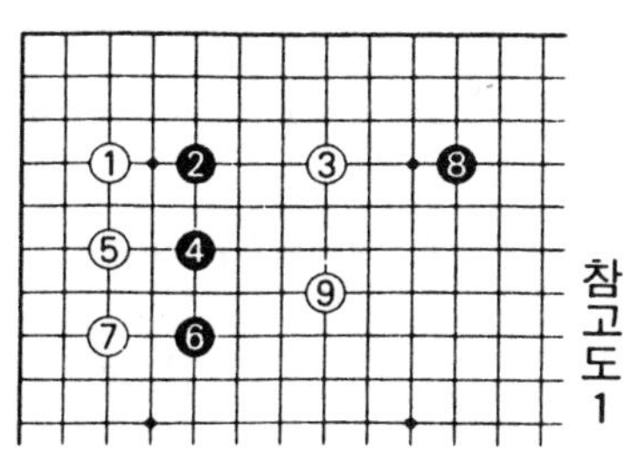

제 9 형 공격을 유인하는 얇은 두 칸 뛰기

세 점 접바둑이다. 상변의 백 한 점을 △에 두 칸 뛰게 해 도망친 때. 참고도 1 백 3 의 끼우기에서 9 까지의 수순으로 이루어진 형으로, 다음 한 수가 문제.

상변의 백 두 점은 흑에서부터의 공격을 기다려 받고 있는 것같은 얇은 형이다. 흑은 우상에서 상변에 세력이 있어, 공격하고 싶은 원망에 차있는 때. 그러나, 섣불리 공격하면 되돌릴 수 없다.

좌상의 흑 세 점의 강약이 흑 작전에 중대한 관계를 갖는다.

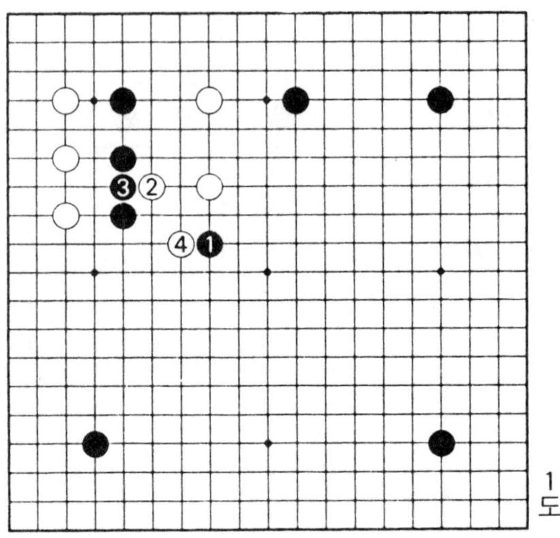

1
도

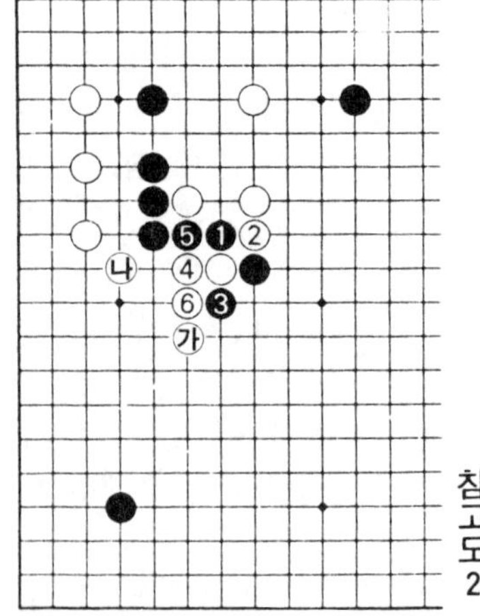

참
고
도
2

1도

흑1의 칼끝은 공격의 수이다. 상변의 흑의 세력 방향으로 쫓는 겨냥. 그러나, 백2·4의 반격으로 뒤가 곤란하다.

참고도 2

흑1에서 5의 강경 절단은 백6으로 도망쳐 내어져 흑이 좋지 않다. 이 뒤, 흑가라면 백나. 좌상의 흑이 반대로 백의 봉쇄를 받아 긁어 부스럼의 결과이다.

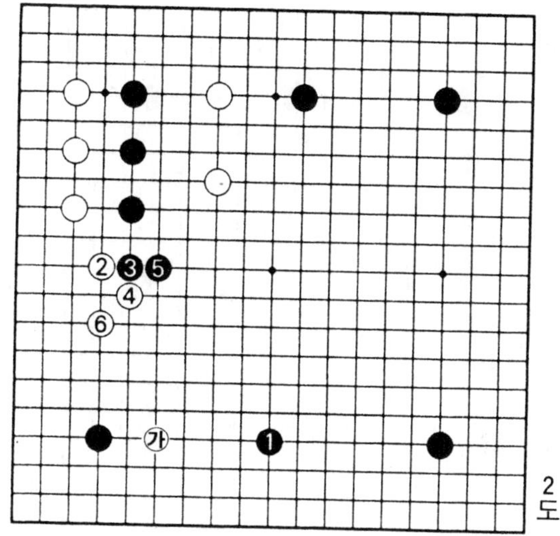

2도

좌상의 흑 세 점은 백 두 점에 비하면 돌수가 많기 때문에 백에 취해질 염려는 없다. 거기에서 흑1로 재빠르게 큰 곳으로 돌았다고 하자.

백2에서 6으로 좌변의 백집을 벌린다. 이것은 집을 증가하기 위해서만은 아니다. 하변의 흑으로의 위협이 된다. 즉, 좌변의 세력을 기점으로, 백가로 하변을 침략하기 쉬워진다.

상변의 백 두 점은 약체로, 중앙이나 우변으로 편안히 도망칠 수 있는 가벼운 돌, 한편, 흑쪽은 단단히 굳혀진 좌변의 백에 접근해 있기 때문에 눈모양 만들기가 부자유스러운 무거운 돌이다. 돌수는 많아도 공격 목표가 되기 쉬운 돌이므로 이 상태에서 손 빼기는 불가능하다. 말하자면, **참고도**의 단계에서는 아직 접촉전에 가까운 싸움의 도중이라고 할 수 있다.

흑1은 싸움 도중에서 손 빼기를 했기 때문에 공수가 역전되어 백에게 절호형을 부여하고 있다.

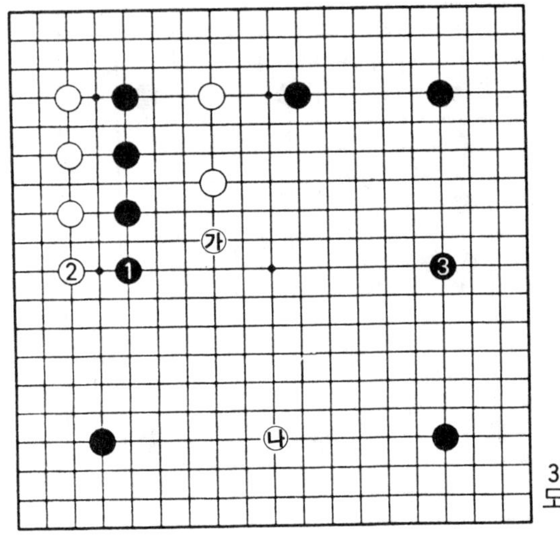

3도

상변의 백 두 점 보다도 흑 세 점쪽이 약한 돌이 되어 있다는 것을 생각하지 않으면 안된다. 돌의 수만이 아니고, 주변을 둘러싸고 있는 상대의 돌수에 따라 강약이 나누어진다. 그렇다면, 흑이 백을 공격하려는 착상은 처음부터 무리였다는 것이 된다.

흑의 약한 돌을 강화하는 흑1의 뛰기가 백의 유인을 피하는 수이다. 지금은 백을 공격하는 것보다 백의 공격을 막고 다음 찬스를 기다린다.

백2로 좌변을 놓았다고 하자. 흑1, 백2의 교환만으로 흑은 강한 돌이 된다. 흑가의 공격도 이번에는 유력하다. 그러나, 상변의 백을 공격해도 결정타가 되지는 않는다. 백에는 중앙으로의 탈출구가 있어, 섣불리 공격하다가는 상변의 흑 한 점을 약하게 할 염려가 있다. 여기는 유보하고, 멀리 감아 공격을 겨냥하는 쪽이 알기 쉽다.

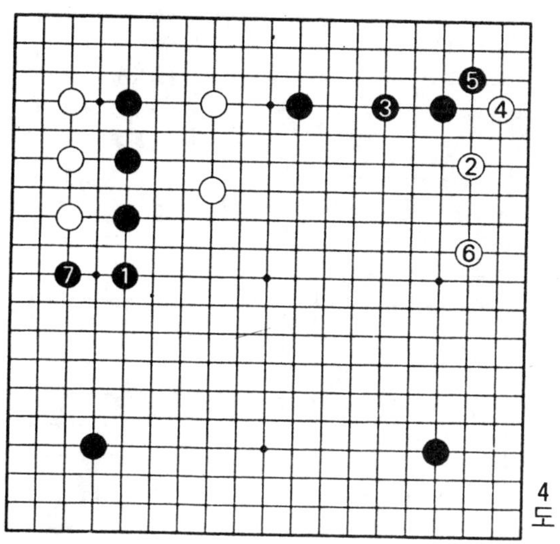

4
도

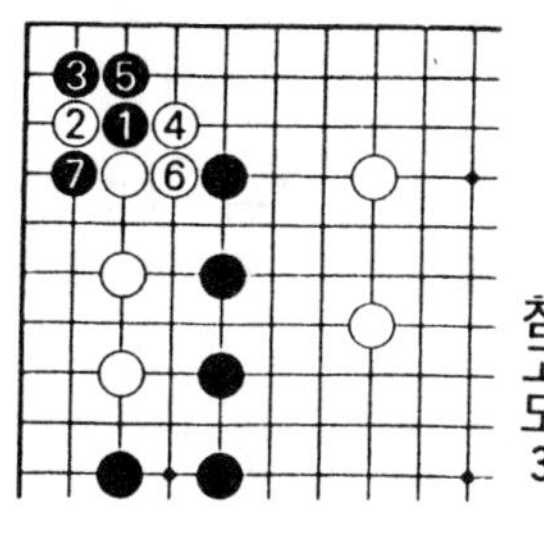

참고도 3

4도

혹1로 도망쳐 넘겨 두면 흑에는 약한 돌이 없다. 전도와 같이 7의 점에 놓아도 흑을 공격하는 수로 써는 거의 효과가 없다. 백은 변의 제3선의 집을 작게 증가시킬 뿐이다.

백은 세 점의 효력을 지우기 위해 흑의 세력 분할을 겨냥, 백2에서 6까지 우변을 수습했다.

흑7이 절호점이다. 좌하의 놓인 돌과의 사이가 곧 모양. 흑1로 수비한 수가 일석이조의 작용을 한다. 그리고, 흑7의 막아넣기로 좌상의 백에, **참고도 3**과 같은 결점이 남는다. 즉 흑은 두껍고 백은 얇다. 게다가 집은 흑이 단연 많아 필승의 태세가 되어 있다.

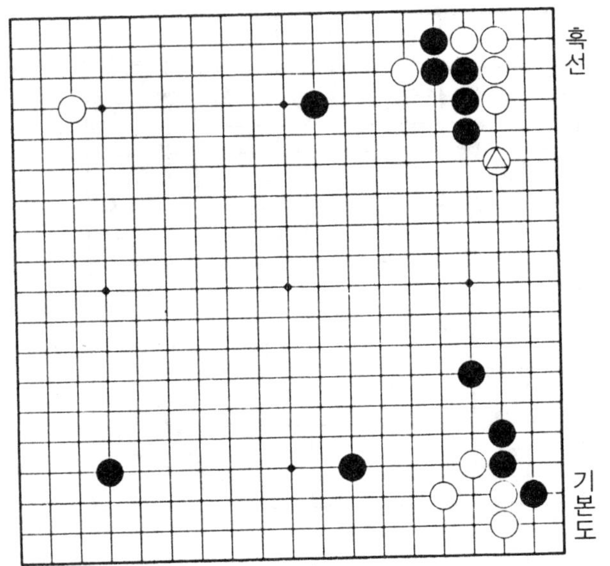

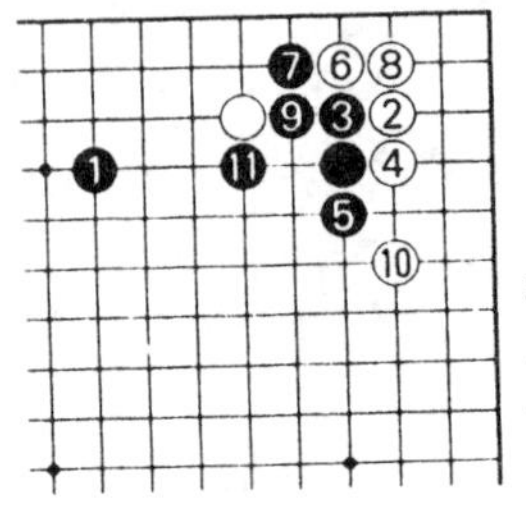

제 10 형 정석대로 하면 백의 뜻대로 되고 만다

세 점 접바둑이다. 우상의 정석으로 백△에 뛴 때. 정석의 수순은 **참고도1** 이다.

정석은 귀 부분이 호각으로 나누어진 형이므로, 접바둑에서의 정석대로 수순이 진행되면 그만큼 바둑이 좁아져 흑은 유리하게 싸울 수가 없다. 그러나, 많은 경우, 귀의 정석은 변의 포석에 관련되어 있으므로 귀만으로 안심할 수 없다.

우상의 정석 매듭이 이 포석에서는 문제. 백의 겨냥을 생각하여 다음 수를 연구한다.

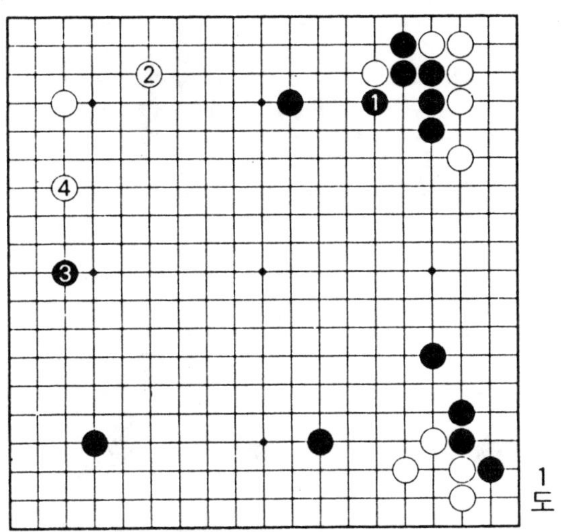

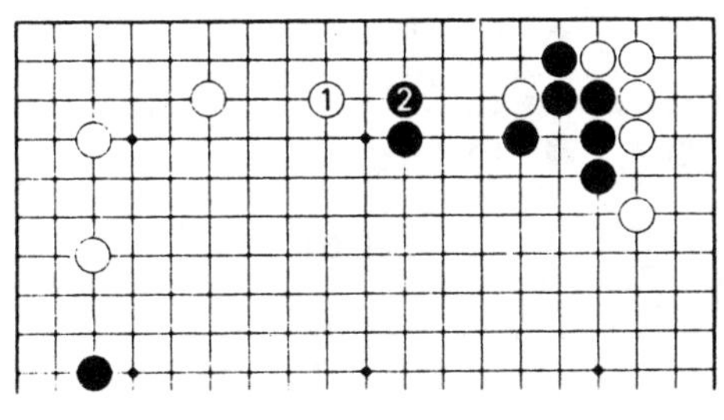

1도
흑1로 정석
그대로 받았
다고 하자. 백
2로 조여 상
변의 흑 모양
이 넓어지는

것을 견제한다. 흑3의 큰 곳, 백4의 굳히기 라는 포석이 되
어 백집이 단단히 정돈되어 있는데, 흑은 집다운 것이 분명치
않다.

즉, 정석을 놓게 하는 것이 백의 겨냥이었던 것이다.

참고도 2
상변의 흑 모양은 백1에 흑2가 받는 형. 이깃으로는 우상
의 두꺼운 맛이 작용하지 않아 적은 집밖에 만들 수 없다.

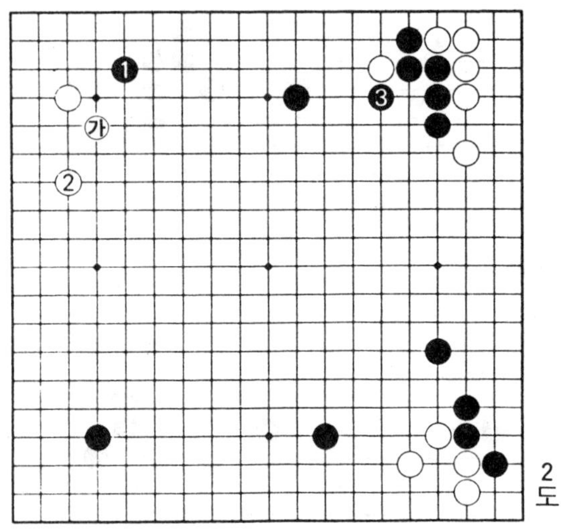

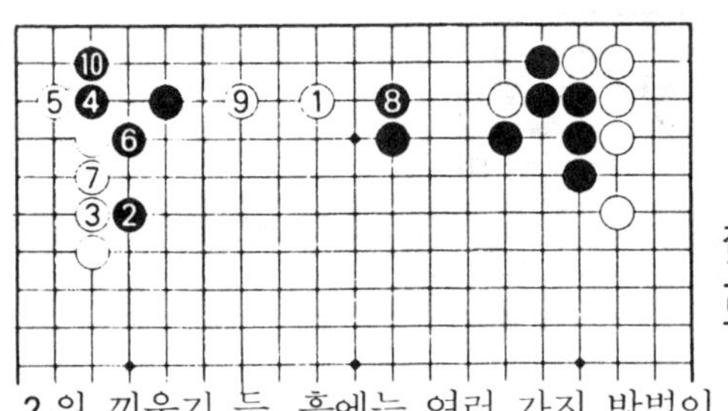

2 도

흑1 걸치기
가 백의 겨냥
을 피하는 수
이다.

좌상의 백으
로 가의 걸침,
2의 끼우기 등, 흑에는 여러 가지 방법이 있다. 백은 상변의
흑 모양을 곧 망칠 수는 없다.

백2로 받으면 흑3으로 정석으로 되돌아가, 흑1의 걸치
기가 작용한다.

참고도 3

2도 뒤, 흑 모양을 백1로 어지럽히러 가면 흑2에서 6
으로 좌상을 굳혀 좌우의 흑의 강력한 세력을 배경으로 상변
의 백을 크게 공격할 수가 있다.

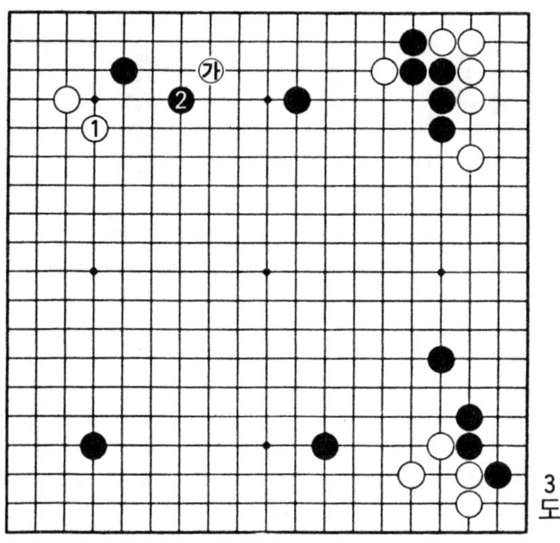

3 도

백 1 로 좌상을 단단히 받았다고 하자.

백의 겨냥은 **가**의 끼우기에서 좌상의 흑을 공격, 상변의 흑 모양을 어지럽히는 것이다.

흑 2 로 받아 백의 움직임을 기다린다.

참고도 4

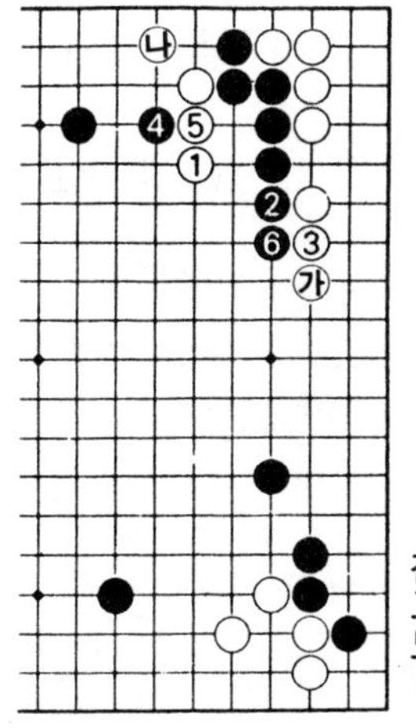

우상의 미완성 정석에 백 1 로 놓아 주면 흑 2 의 누르기를 살리고 4·6으로 백을 공격해 간다. 상변의 흑이 굳어 있기 때문에 흑의 일방적인 공격이 계속될 것이다. 다음에 백**가**라면 흑**나**.

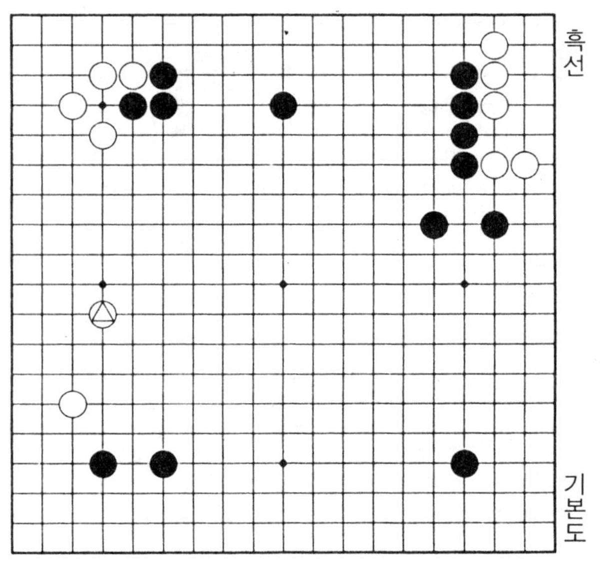

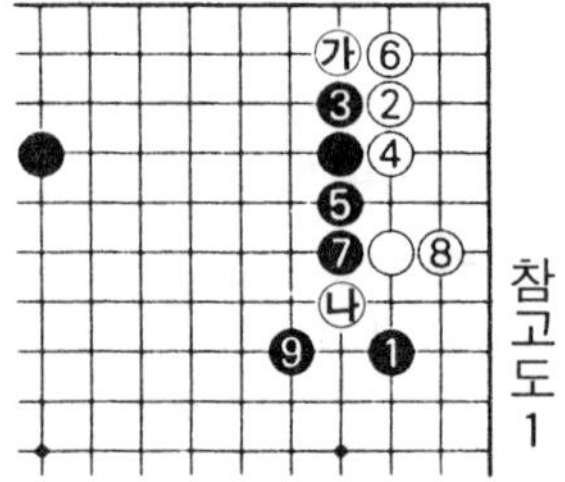

제11형
모양의 접점이 대국을 좌우
한다.

세 점 접바둑이다. 백△에 준비
한 때.

하변에 큰 곳이 남아 있다.

우하의 흑의 세력을 중심으로 하변, 우변으로 걸쳐진 큰 모양
을 만든 힘은 상당히 크다. 그러나, 그 전에 백의 겨냥도 생
각해 두어야 한다. 그 위에 다음 한 수를 선택한다.

참고도 1

우상의 형이 만들어진 수순이다. 흑9에서 **가**는 집에 각박
한 받기지만, 백**나**를 남긴다. 세 점 접바둑이면 흑9가 간명.

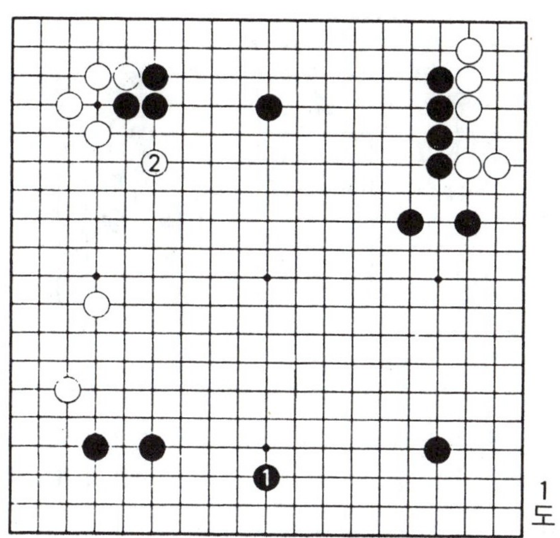

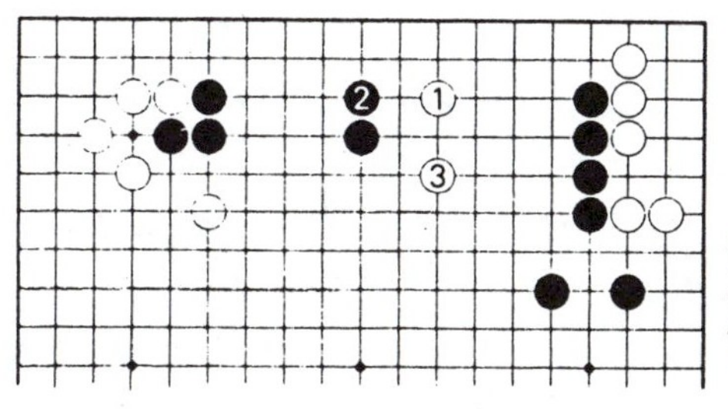

1 도
백의 겨냥을 생각하지 않고, 흑 1 로 하변의 큰 곳에 놓았다고 하자.

백 2 가 절호점. 모양의 접점을 백이 놓은 것이 되고, 좌상 귀에서 좌변에 걸쳐 백은 50눈의 집을 확정시키고 있다. 이미 흑이 이기기는 용이하지 않다.

게다가 백 2 로 중앙에 세력이 증가했기 때문에, 상변의 흑 모양에 참고도 2, 백 1 의 겨냥이 생긴다. 백 3 까지 흑집은 엉성하다고 해도 좋을 것이다.

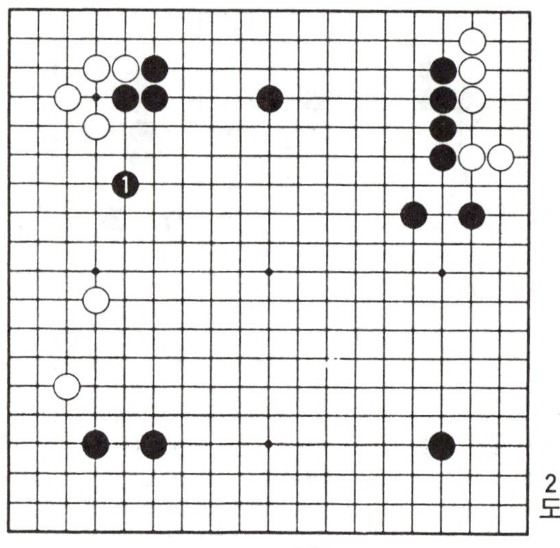

2 도

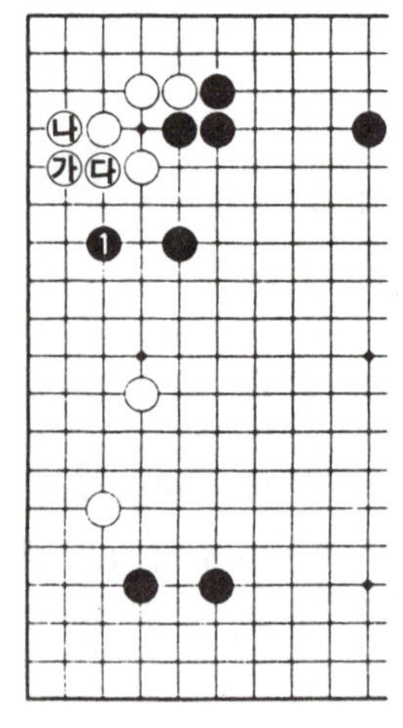

참고도 3

흑1의 뛰기가 다음 한 수였다.

하변의 큰 모양을 벌리는 것보다도 우상의 단단한 두꺼운 맛을 만들고 있는 상변의 흑 모양을 굳히는 편이 현실적이다.

흑1은 상변을 확대하고, 좌변의 백집을 낮게 압박하는 일석이조의 수, 쌍방의 모양 증감에 관한 접점이다.

참고도 3

1도 뒤, 좌변을 백이 손 빼기를 하면 흑1이 강력하다. 흑가, 백나, 흑다로 백집이 형편없이 작아진다.

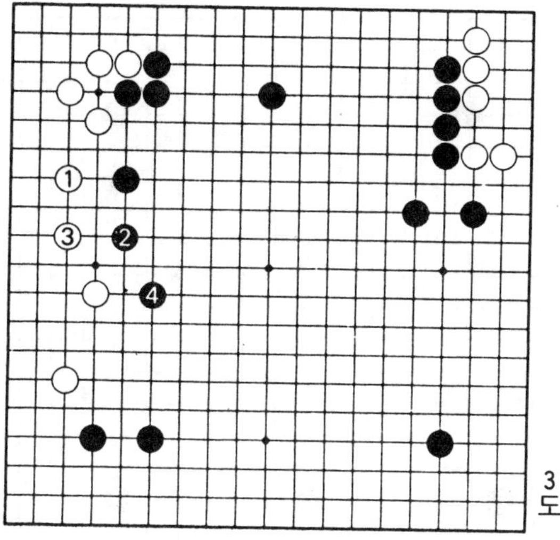

3
도

3 도

좌변에는 흑의 강력한 침략이 있다. 2 도에 이어 백은 1 로 지켰다. 흑은 2 · 4 로 중앙에 세력을 부풀려 올리고, 상변에서부터 중앙에 모양이 확대한다. 좌변의 백집으로는 흑에 도저히 대항할 수 없다.

참고도 4

좌변을 지키는 것으로는 백 패. 백 1 로 흑을 절단하는 싸움을 걸었다고 하자, 흑 6 까지 중앙의 백 두 점을 공격하여 상변의 집이 굳어지고, 좌변의 백집이 줄어 흑의 편한 싸움이다.

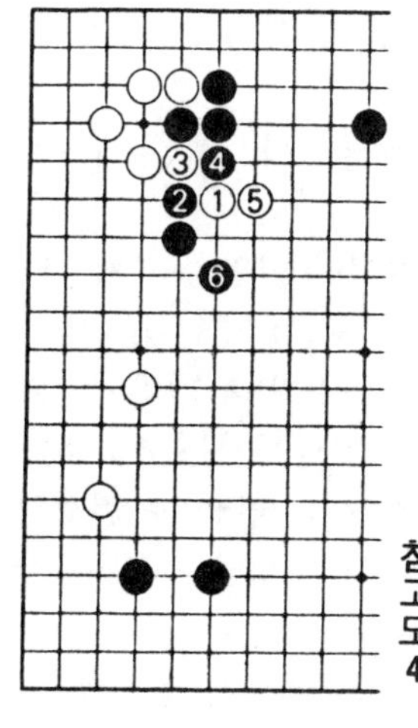

참
고
도
4

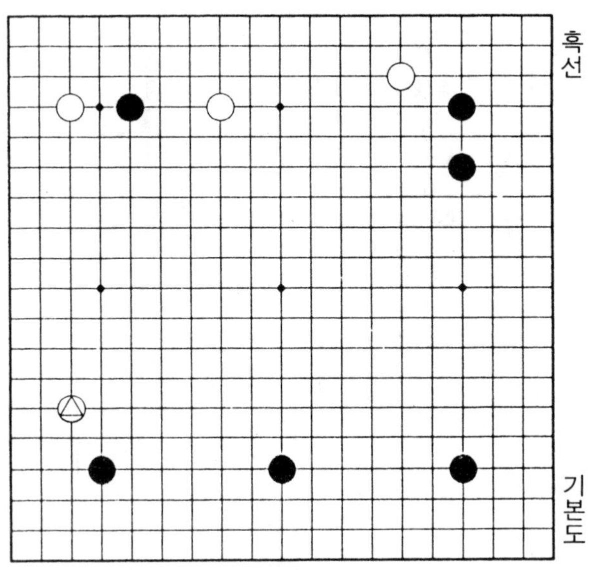

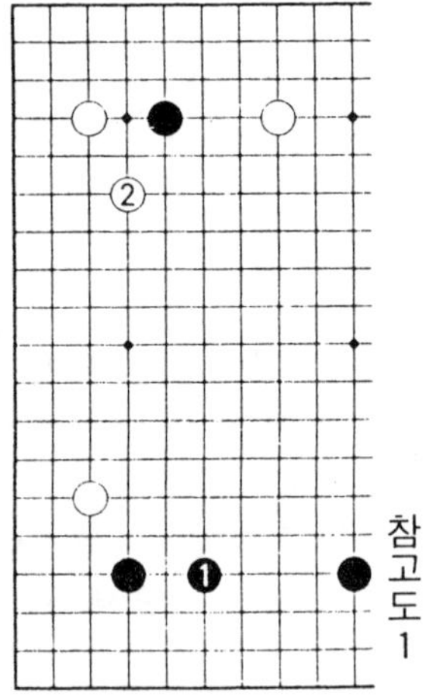

제12형

견제 작전을 부수는 당당한 자세

세 점 접바둑이다. 백△에 놓은 때.

좌상의 정석이 미완성인 채, 백은 상변, 좌하로 걸고 있다. 백의 겨냥은 **참고도 1**의 흑 1 이라면 백 2 로 좌변을 모양화하는 것. 또, 상변이나 좌하의 세력으로 좌상의 흑의 움직임을 견제하는 심리 작전도 있다.

좌상을 흑은 어떻게 놓을까.

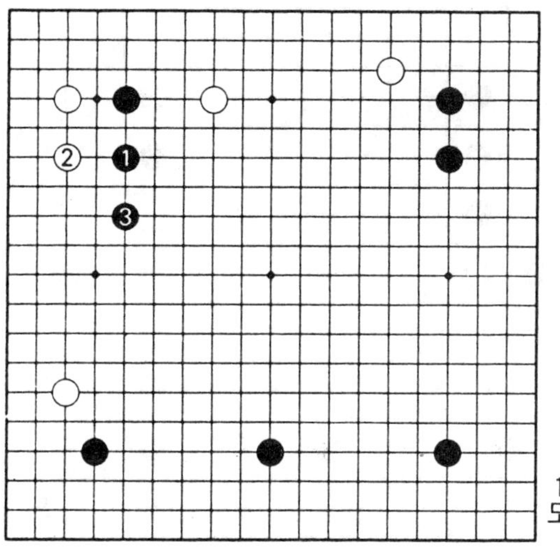

1 도

백의 견제 작전을 부수는 수는 흑 1 의 뛰기. 더욱 알기 쉬운 정석 이다.

백 2 의 받기에는 흑 3 으로 뛰어 좌변을 백집이 되게 하는 방침이 다. 백이 집을 만들어도 변의 제 3 선을 둘러싼 약한 집이라고 생 각하면 좋을 것이다.

참고도 2

흑 1 의 걸치기도 정석이다. 그러 나, 백 2 로 붙여져 복잡. 백이 바라 는 것일 것이다.

흑 3 에서 11 까지의 정석이 되고 백12로 좌변을 굳혀 흑 불만.

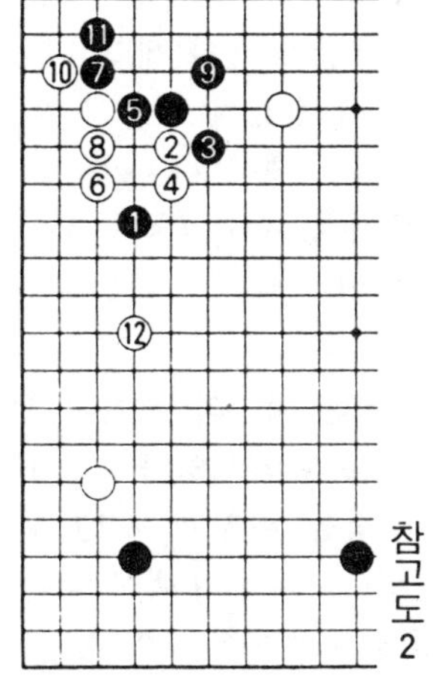

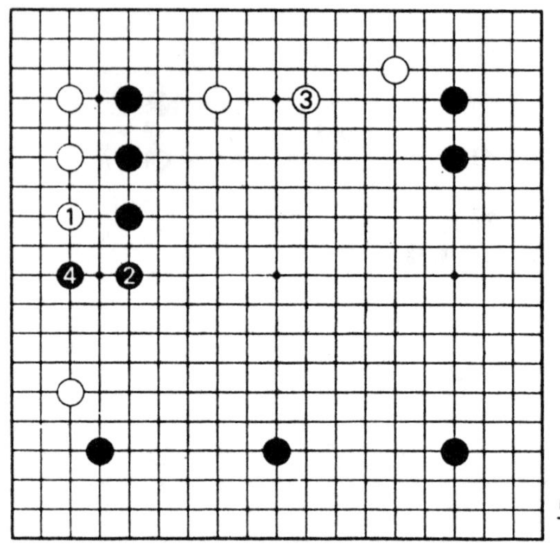

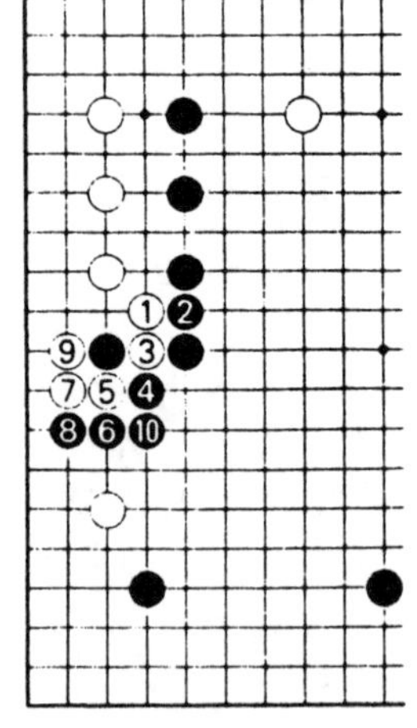

2도

1도 뒤, 백1로 좌변을 놓으면 혹2로 더욱 중앙을 굳혀 혹은 당당한 자세. 좌상의 혹의 세력이 강해져 상변의 백이 얇다. 백3의 수비라면 혹4의 봉쇄이다. 이로써 좌하의 백이 고립되어, 혹이 공격하는 쪽이 되어 있다.

참고도 3

좌변의 혹에는 백1의 빼기에서 5로 절단하는 겨냥이 있다. 그러나 혹은 한 점을 버리고 혹10까지 밖을 굳힌다. 좌하의 백이 약해져 혹은 점점 우세해질 것이다.

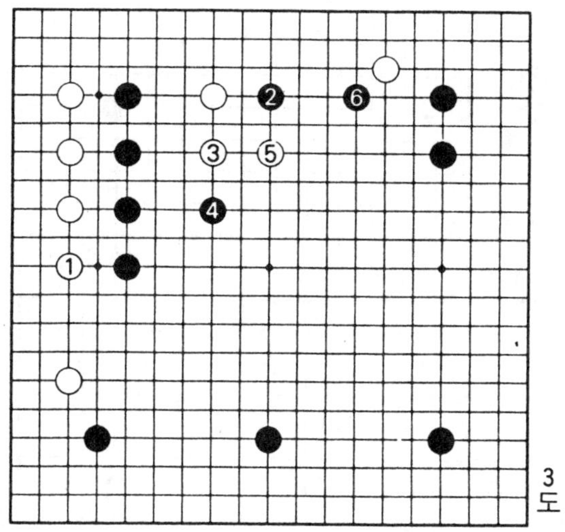

3도

백1로 좌변을 지킨 형이다. 좌변에 생긴 백집은 20집 정도 있으면 좋은 편. 그리고, 지금 흑집은 증가해 있지 않은 것, 상변의 얇은 백을 겨냥하여 흑2로 놓아가면 편안히 전국을 리드할 수 있다.

상변의 백은 이미 연락 불가능이다. 백은 각각 수습되지 않는다고는 할 수 없다. 백3·5로 왼쪽을 도망쳐 내면 흑4·6으로 우상의 백에 공격을 건다. 즉, 백은 도망치는 것만으로도 정신이 없어 집을 만들 수가 없다. 한편, 흑은 백을 공격하면서 중앙을 굳히고, 우상귀나 하변의 모양을 넓힐 수가 있을 것이다.

초반에 이와 같은 공격을 받으면 백이 괴롭다. 원인은 좌변에서 백이 집을 너무 많이 벌었기 때문이다.

백에 집을 주어도 좋다 라는 대국적인 판단을 갖느냐 어떠냐가 승부의 라인을 긋는 것이 될 것이다.

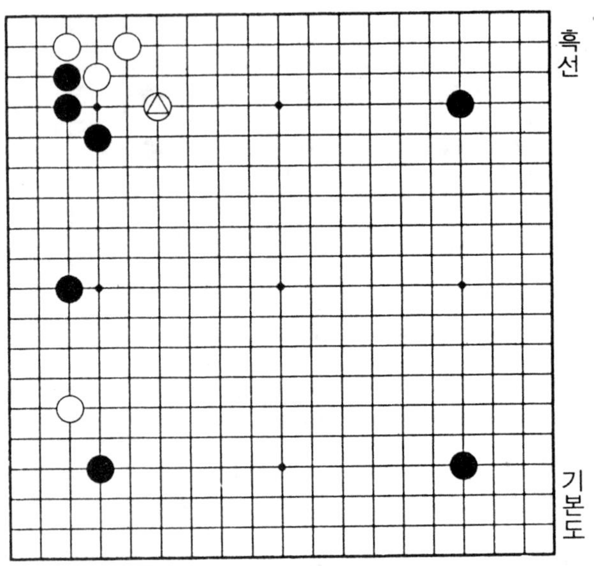

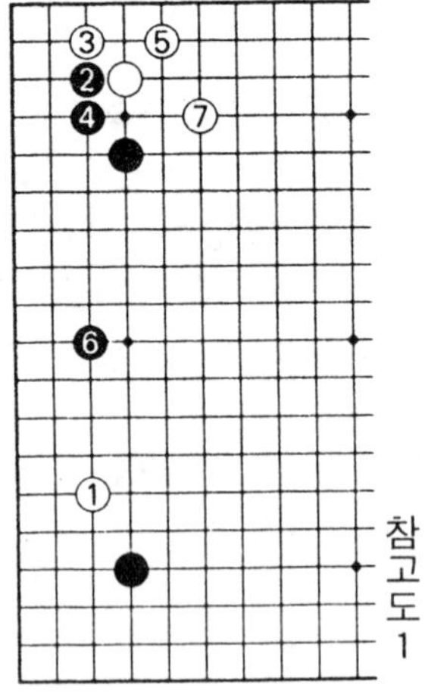

제 13 형

가벼운 돌을 공격해도 주도권은 잡을 수 없다

세 점 접바둑이다. 백△에 준비하여 좌상을 강화했다. 백이 다음 어떤 겨냥을 갖고 있는가를 생각하여 다음 수를 선택한다.

참고도1 은 좌상의 형이 만든 수순. 흑6 은 공격의 수이지만 백의 반격도 경계해야 한다.

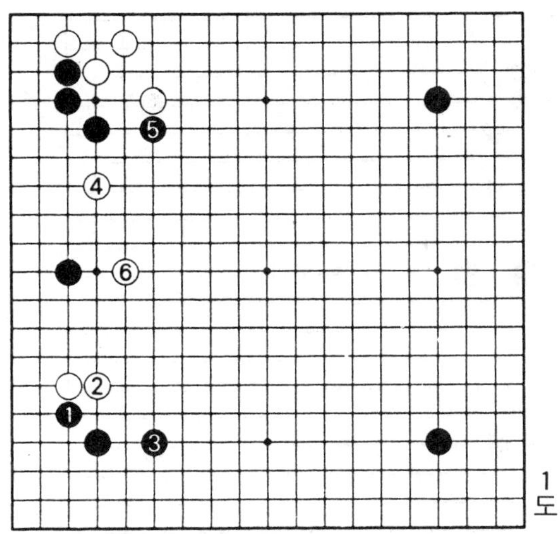

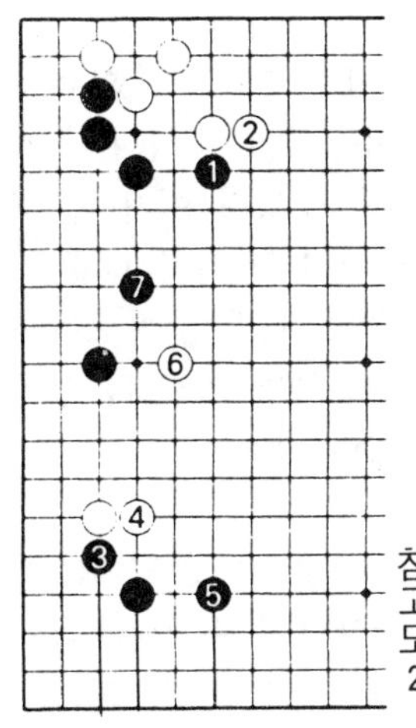

1도

공격은 최대의 방어라고 한다.

흑1·3으로 좌하의 백을 공격한 때. 그러나, 백은 이것을 움직일수 없다. 백4가 좌상의 흑을 공격하는 급소.

흑5의 붙이기에는 백6으로 좌변의 흑 한 점을 공격하여 주도권이 백으로 넘어간다.

참고도 2

흑1의 붙이기를 살려두면 흑3·5는 유효하다. 그러나 흑1, 백2는 손해가 앞서므로 백6으로 끼워 백에는 불만이 없다.

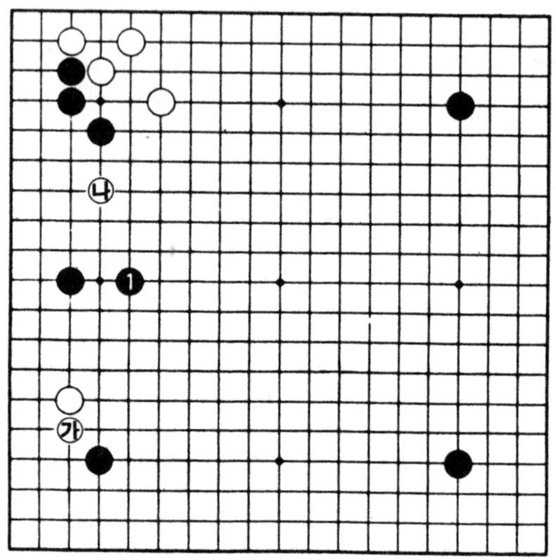

2도

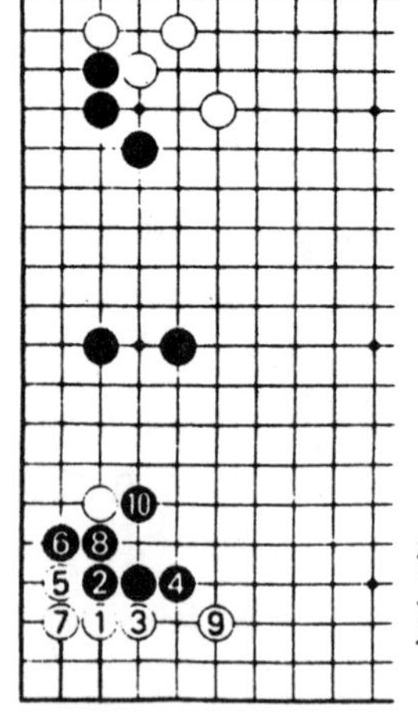

2도

좌하의 백을 공격하고 있는 형이지만 백 한 점은 3·3으로의 대체가 듣는 가벼운 돌이다. 한편 좌상의 흑 세 점은 무겁다. 여기서는 좌상을 지키는 흑1의 뛰기가 좋을 것이다. 흑가는 다음의 겨냥이다.

흑1로 뛰어 두면 백나의 놓기는 무섭지 않다.

참고도 3

2도 뒤, 백1의 3·3 넣기는 흑2에서 10까지 좌변을 모양으로 한다. 흑이 알기 쉬운 포석이다.

제 2 장

상수를 분쇄하는
기술편

이 장의 포인트

접바둑에서 백이 최초로 고심하는 것은 근거 만들기이다. 따라서 백의 포석 작전은 변의 근거 만들기에서부터 시작되고 있으므로, 흑의 적극적인 승리 방법은 근거를 빼앗는 점에서부터 시작된다고 생각해도 좋을 것이다. 그런 의미에서 귀의 놓인 돌은 귀의 집 취하기 보다도 백에 근거를 주지 않는 공격돌로써 작용시키면 보다 효과적이다.

귀만 지키고 있으면 변을 주어도 이길 수 있다, 라는 것은 여섯 점 이상의 접바둑이다. 조금 소극적이라도 흑은 편안히 이길 수 있을 것이다. 그러나 4·5점 또, 2·3점이 되면 집 취하기만으로는 이길 수 없다. 적극적인 싸움이 필요하다.

이 장에서는 다섯 점 접바둑에서 두 점 접바둑까지의 접바둑을 주로 하여 백을 분쇄하는 테크닉을 설명하고 있다. 분쇄라고 해도 백돌을 전멸시킬 수 있는 대단한 것은 아니다. 각각 접바둑의 패턴을 통하여 간명하게 이길 수 있는 테크닉을 소개한다. 접바둑이므로, 하고 간과하고 있는 완착의 패턴은 상수의 부자연스러운 무리한 착수를 허락하여 승리하기 어려운 바둑이다. 무리를 곧 찔러 빨리 이기는 형, 놓인 돌의 세력을 빠른 시기에 작용시킨 필승의 형 등 접바둑에서 있기 쉬운 12형을 골라 보았다.

한정되어 있는 스페이스이므로 이들의 설명으로 상수 분쇄·필승 패턴을 다 알 수는 없을 것이지만, 접바둑에 공통하는 하나의 흐름, 빠른 시기에 상수의 결함을 찔러 유리한 싸움을 이끄는 요령을 납득하였으면 한다.

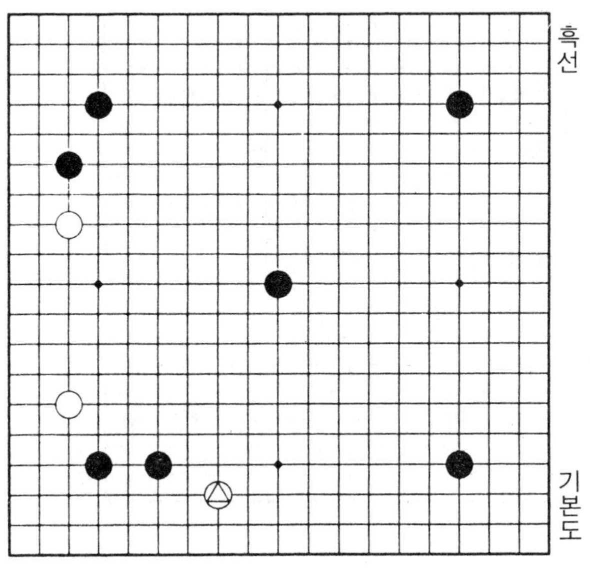

제1형
필승의 태세를 만드는 강수가 6수째에 있다

다섯 점 접바둑이다. 백△으로 놓은 때.

백이 3수 놓고, 흑의 6수째. 여기에서 흑에서부터의 결정타가 있다, 라고 한다면 깜짝 놀라지 않을까?

참고도 1

좌변의 형이 만들어진 수순이다. 백1에서 5까지 실전에서는 자주 놓여질 것이다.

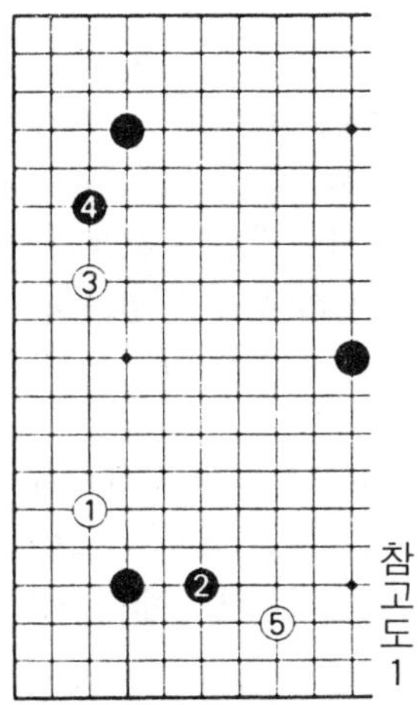

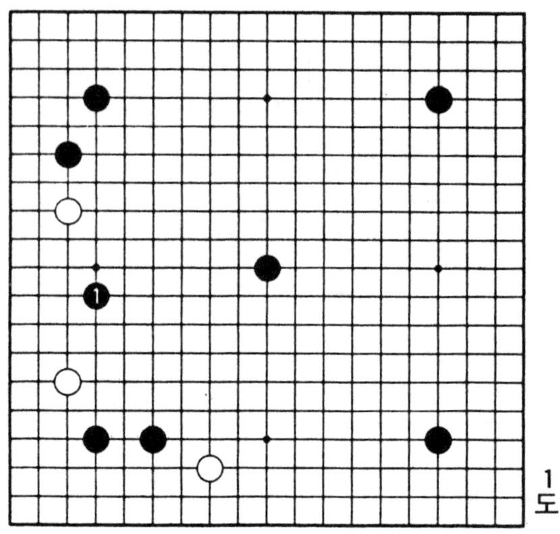

1도

혹1의 넣기가 강력하다. 이것으로 백의 세력은 셋으로 분할되어, 혹의 세력권으로 어려울 것 없다고 생각하면 안된다.

놓인 돌을 싸움을 위한 세력이라고 생각하면, 백의 무리를 찔러 편한 낙승형을 만들 수가 있다.

참고도 2

혹1의 낮게 넣기는 보다 강력한 수이다. 그러나 백2·4로 반격당하여 혹이 다소 괴롭다. 여기까지 혹은 넣을 필요는 없다.

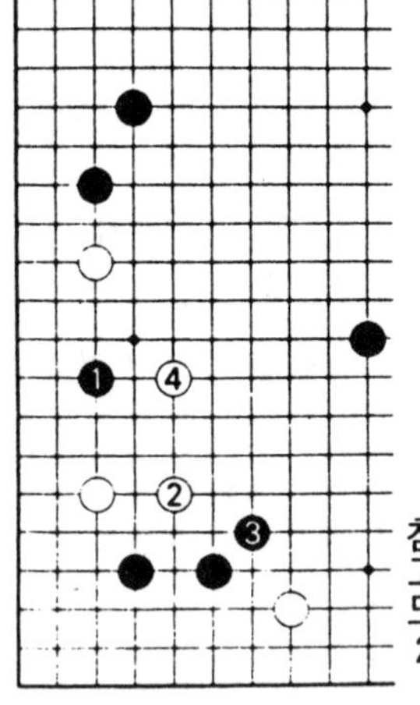

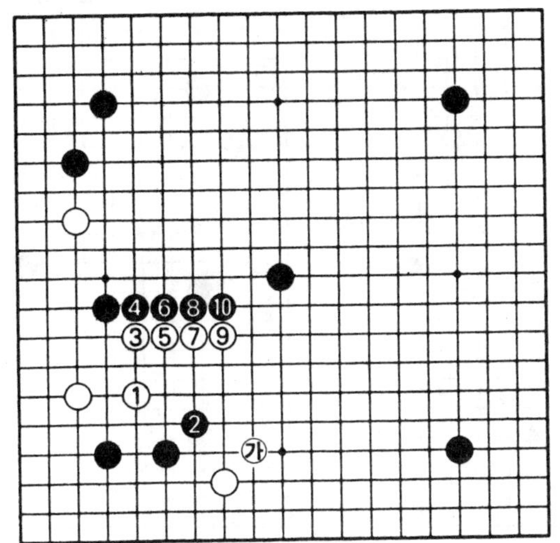

2 도

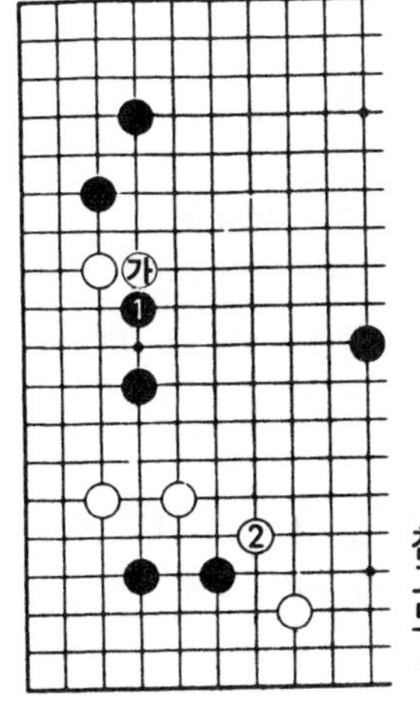

참고도 3

2 도

1 도 뒤, 백 1, 흑 2 는 필연이다. 이것으로 하변의 백에 **가**로 공격할 기반이 만들어졌다.

백 3 에서의 중앙 탈출에는 흑 4 에서 10 으로 밀어올리면 좋을 것이다. 중앙에 흑의 강력한 세력이 있고, 좌변의 백 한 점이 고립되어 있다. 흑 낙승의 구도이다.

참고도 3

흑 1 은 좌변의 호점. 그러나 백 2 로 좌하를 봉쇄되어 좋지 않다. 좌하의 백이 강력해져 **백가**의 반격이 강력해진다.

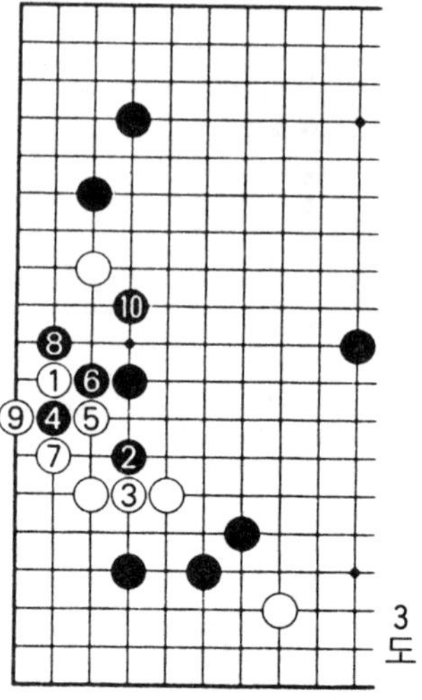

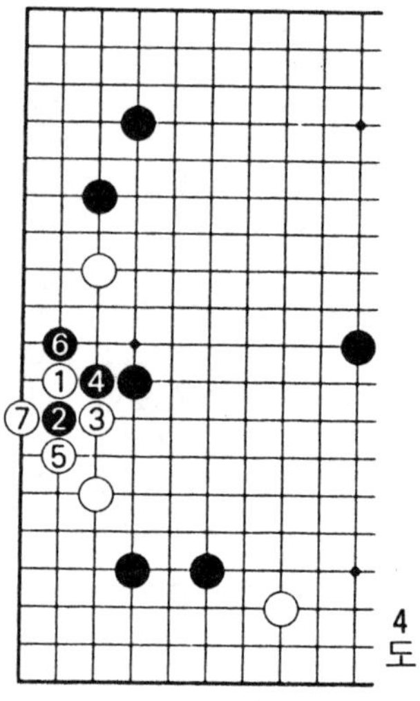

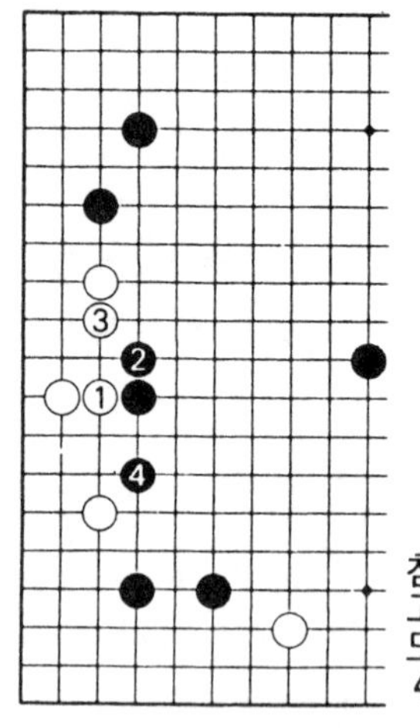

3 도

백이 중앙으로 도망쳐도 흑을 굳히게 할 뿐. 백1로 좌변의 연락을 겨냥한다. 그러나, 흑2에서 10의 분단이 성립한다.

4 도

2도 백1에서, 백1의 미끄러지기도 흑2에서 6의 절단이 있다. 또, 백1에는 흑의 손 빼기라도 흑이 유리한 형이다.

참고도 4

전도, 흑2를 뺀 뒤, 백1의 수비가 필요하므로 흑2·4로 살려 충분.

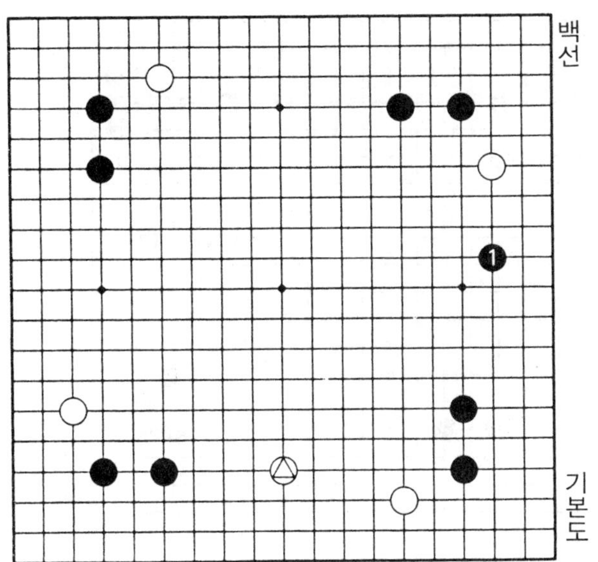

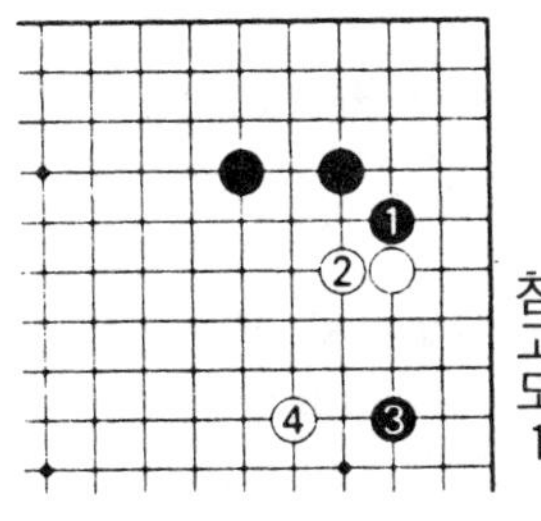

제 2 형
백을 공격하는 절호의 끼우기

네 점 접바둑이다. 백이 총 걸기를 한 뒤, 하변을 △으로 준비했다. 하변을 뺀 세 귀의 백은 무방비 상태이다.

하변에 대응하여 우하의 흑을 지키는 흑1의 끼우기는 절호점. 참고도1, 흑1·3에서는 강화된 백에 **4**로 끼워진다.

기본도 흑1이 얼마나 강력한 의미를 갖고 있는지, 백의 여러 가지 받기 방법을 생각해 보자.

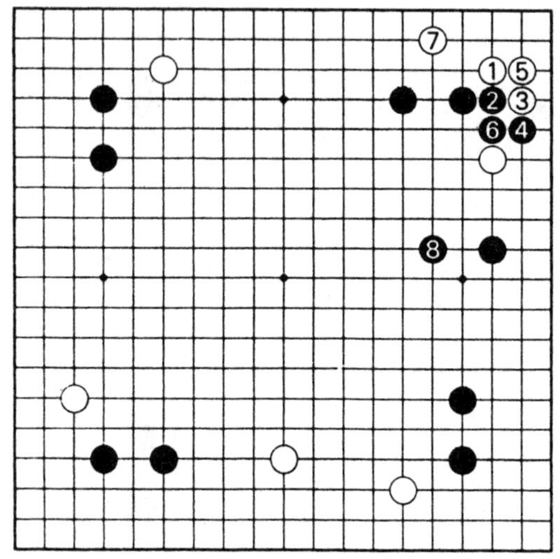

1
도

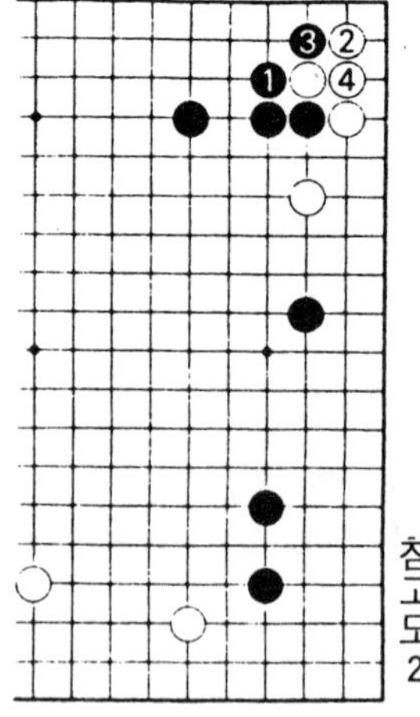

참
고
도
2

1도

혹의 공격을 완화하는 최초의 생각은 백1로 3·3에 넣는 대체이다.

혹2에서 백7까지 백의 귀의 집을 빼앗는다. 그러나 다음 혹8의 뛰기가 절호점으로, 우변에는 곧 큰 모양이 완성된다.

참고도 2

혹1의 누르기는 상변을 중시하는 놓기. 이 경우는 우상의 백이 수습되고, 우변의 끼우기가 작용하지 않는다. 혹 불충분한 변화이다.

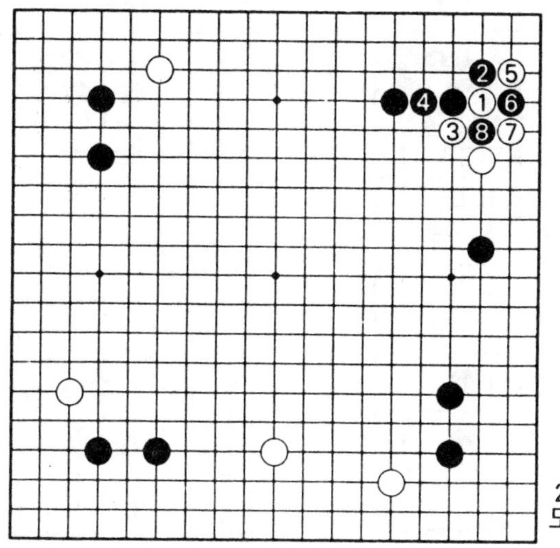

2
도

2도

백1의 붙이기에서 3의 부풀리기는 패의 강력한 겨냥이다.

흑4의 잇기가 좋은 수. 백5에는 흑6·8로 곧 패를 취해 흑 좋다. 이 패는 천하 살릴 수 없음이다.

참고도 3

포석의 처음 단계이므로 백에는 큰 패 세우기가 없다. 백1은 그 한 예. 흑2로 잇고 우상은 40집의 확정지라고 생각하면 좋을 것이다. 백3 뒤, 흑가로 필승형이다.

참
고
도
3

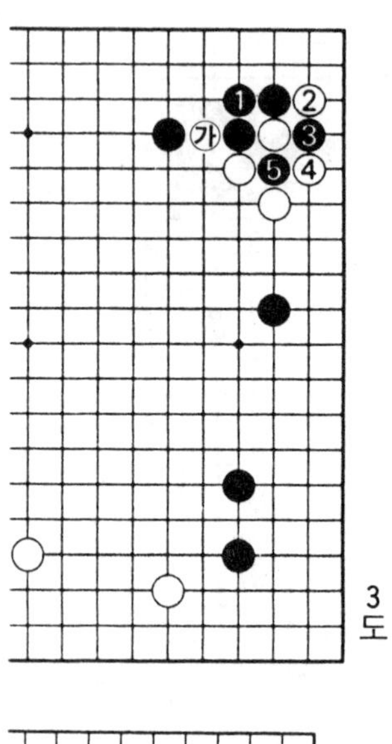

3도

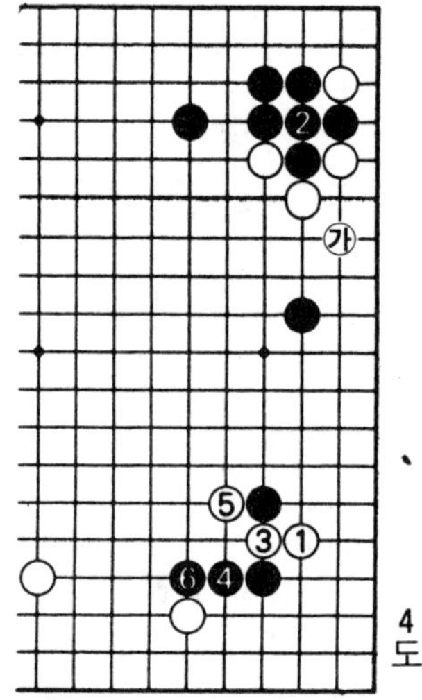

4도

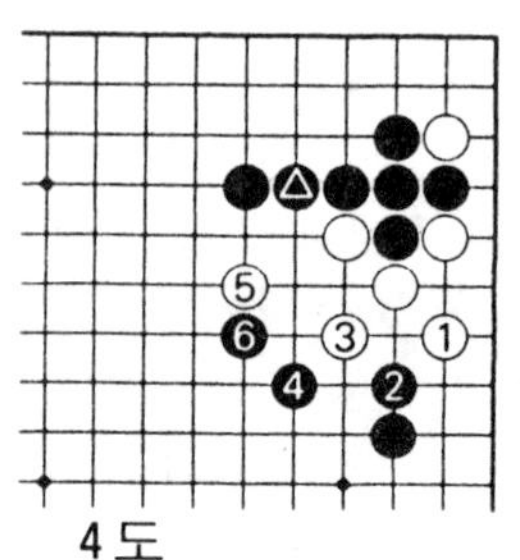

참고도 4

4도

3도

혹1의 잇기는 얼핏 보면 견실하다. 그러나, 백2·4로 가벼운 패의 형이 되어 혹이 중복된다.

혹1에서 **가**의 잇기라면 혹의 형이 맞지만, 1로는 백으로의 영향이 적다.

2도와 같이, 백1의 패 세우기에 혹2로 천하 살릴 수 없어 붙었다고 하자. 혹의 집은 경단. 우상의 백은 아직 생명력이 있다. 예를 들어 우하가 백3에서 혹6까지가 되어, 백 **가**로 움직여 낼 목표가 남아 있다.

참고도 4

2도의 형에서는 백1로 움직여 내도 혹2에서 6으로 가져갈 것이다. ● 의 잇기가 좋다.

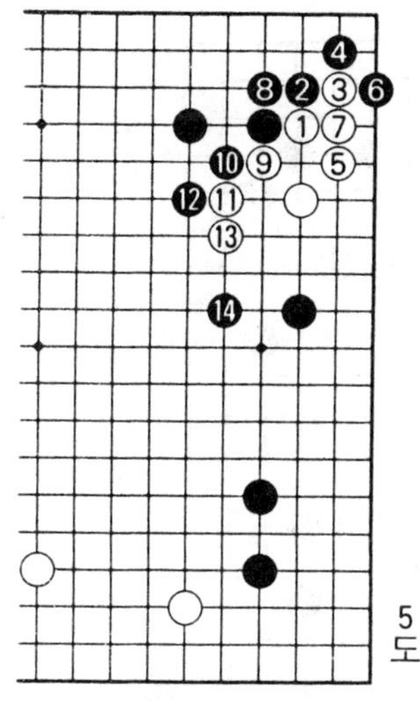

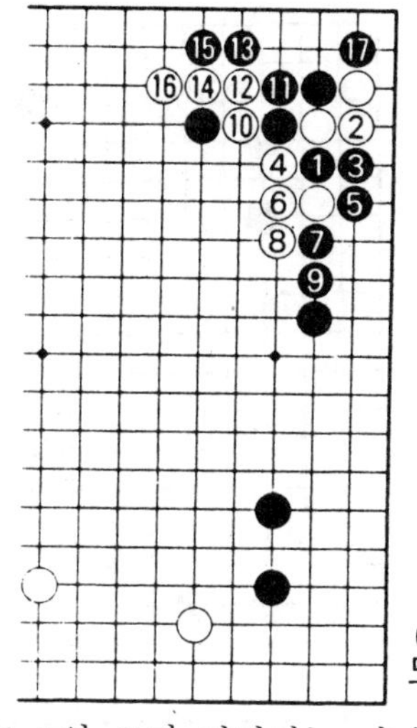

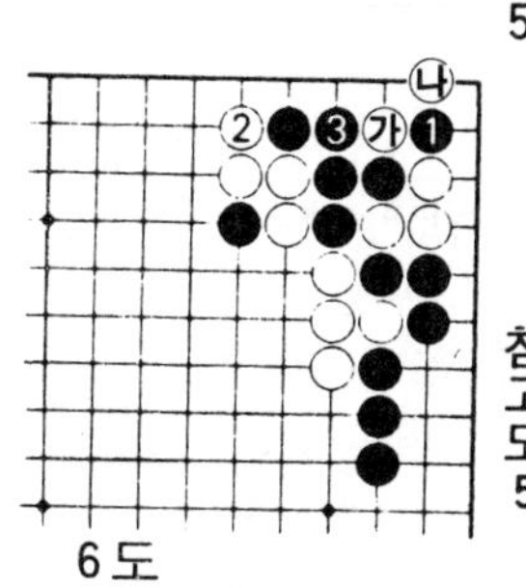

5 도

5 도   백1·3의 2단 젖히기는 수습을 구하는 놓기이다. 흑에는 두 가지 받기가 있고, 흑4가 강한 수이다. 4에서 8은 백9로 3도로 돌아 간다.

백5에서 13까지 사는 형이지만, 흑도 우상이 굳어지고, 14로 추격 하여 공격 겨냥은 성공이다.

참고도 5

6 도

흑1·3으로 가르는 변화도 유력하다

백4에서 흑17까지는 귀의 실질과 중앙의 세력으로 나누 어진다. 우변에서 상변에 걸쳐진 형이 결정되어 흑의 편한 바 둑이 될 것이다.

참고도 5

6도, 흑15에서 1로 놓는 것은 백2가 선수이다. 흑3을 손 빼면, 백가, 흑3, 백나로 백의 꽃놀이패가 된다.

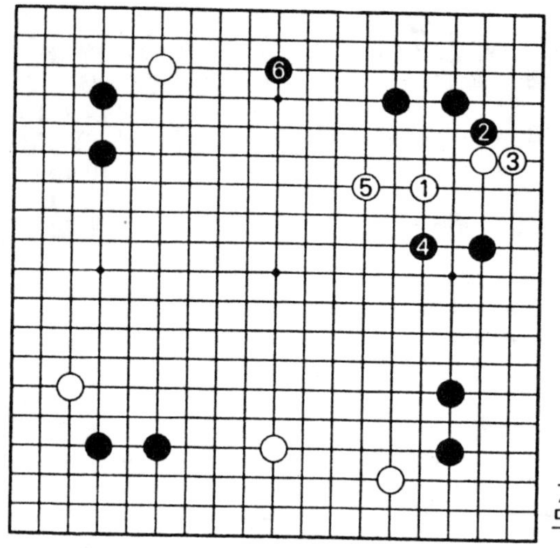

7도

7도

우상귀에서의 수습이 좋은 결과를 바랄 수 없다면, 백은 1로 도망쳐 내는 정도이다.

흑2의 마늘모 붙이기를 살려, 흑4로 추격, 우변의 흑이 강화된다. 백5에는 흑6으로 크게 백을 공격, 흑이 작용한 필승의 포석이다.

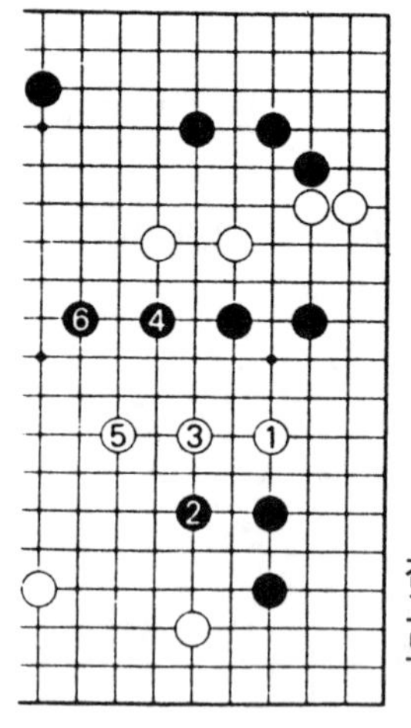

참고도 6

참고도 6

전도 뒤, 백1 등으로 우변의 흑집을 어지럽혀 가면, 흑2에서 6으로 중앙을 뛰어넘어 편한 바둑이 될 뿐이다. 우변의 2분된 백을 공격하는 것만으로 승리가 정해진다.

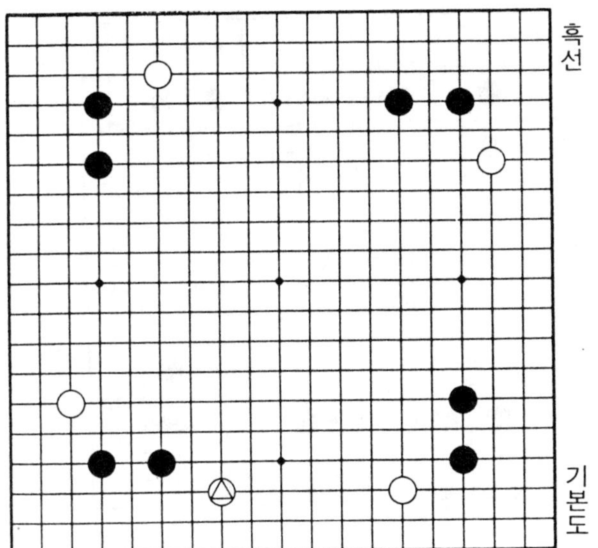

제 3 형
공격 기분인 백의 기반을 들어올린다

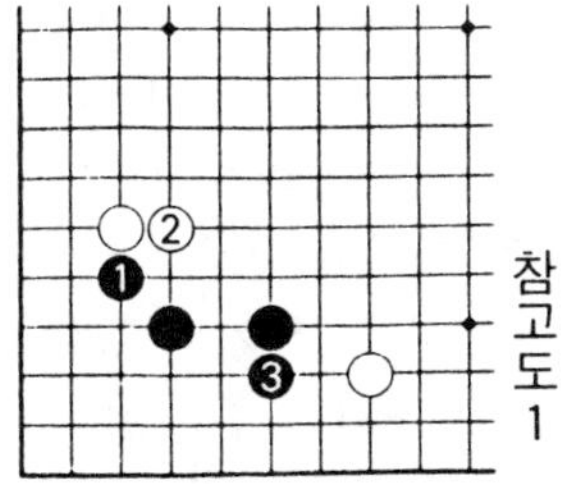

네 점 접바둑이다. 좌하, 흑의 한 칸 뛰기에 백△으로 양 걸치기를 한 때. 흑의 다음 수를 생각해 보자.

백은 한 칸 뛴 흑의 끝을 겨냥하는 공격 기분. 이심전심으로 흑쪽도 공격당하고 있다고 생각하는 사람이 적지 않다. 그래서, **참고도1**의 흑1로 마늘모 붙여 백2, 흑3으로 귀를 지키는 경우가 많다.

이때 귀에 10집 이상의 집이 있는 것이 흑을 헷갈리게 하는 원인이다.

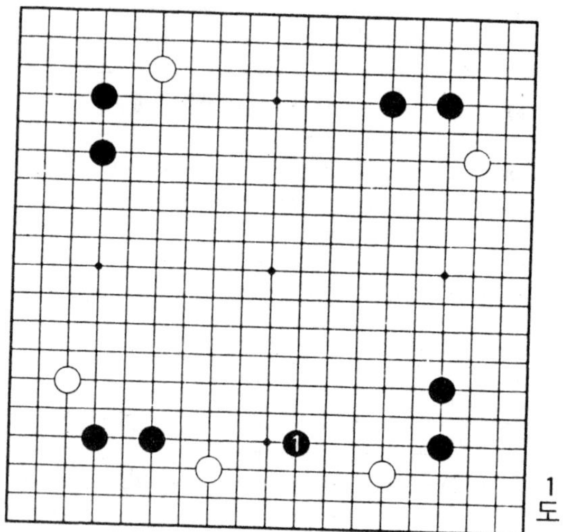

1도

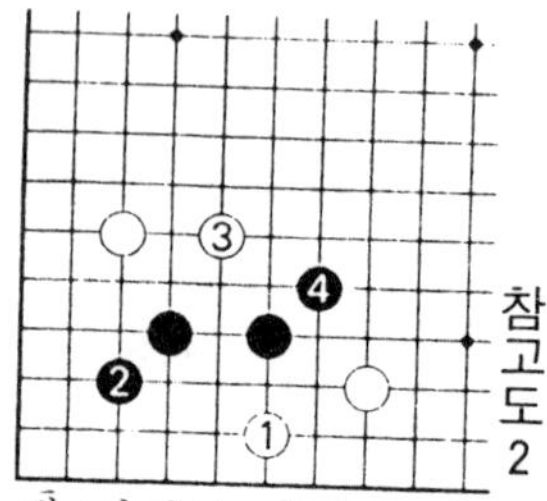

좌하의 한 칸 뛰기는 백에게 양쪽으로 쫓겨 끝 벌리기를 겨냥당하고 있다. 그러나, 국면은 좌하만은 아니다. 우하, 좌상의 포석도 관련되어 흑쪽의 세력이 강하다.

특히, 좌하의 한 칸 뛰기는 중앙에 머리를 내밀고 있으므로 백에게 급격한 공격을 받는 일은 없다. 참고도2, 백1·3에는 흑2로 귀의 근거를 지키고, 4로 중앙으로 머리를 내어 백을 2분하면서 공격의 돌로 바뀌어진다.

즉, 좌하의 백은 좌변도, 하변도 본래 약한 돌이므로 흑은 공격으로 돌 찬스인 것이다.

흑1의 넣기가 강력한 다음 수이다. 수비 심리에서 공격 심리로의 전환이다.

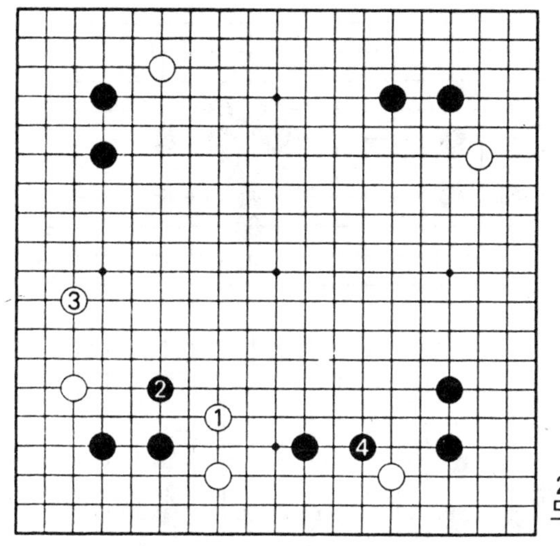

2 도

2 도

하변의 백이 2분되어 백이 양쪽을 지키는 것은 어렵다. 백 1·3 은 좌하의 흑

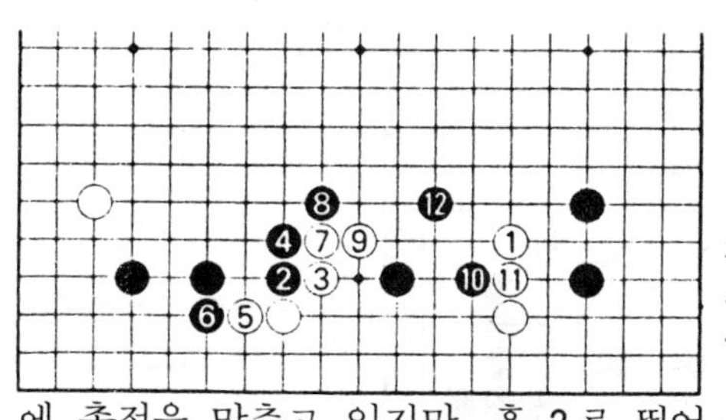

참고도 3

에 촛점을 맞추고 있지만, 흑 2 로 뛰어 중앙으로 도망가는 길을 확보하였기 때문에 여기에서 손 빼기를 할 수 있다. 선 수를 취하여 우하의 백에 4 로 쫓고, 세력이 많은 곳에서 싸 움을 유리하게 전진할 수가 있다.

참고도 3

백 1 로 우하를 도망쳐 내는 것은 흑 2·4 로 왼쪽의 백을 공 격하면 좋을 것이다.

백 9 뒤, 흑 10·12 로 좌우를 휘감아 걸쳐 편한 싸움이다.

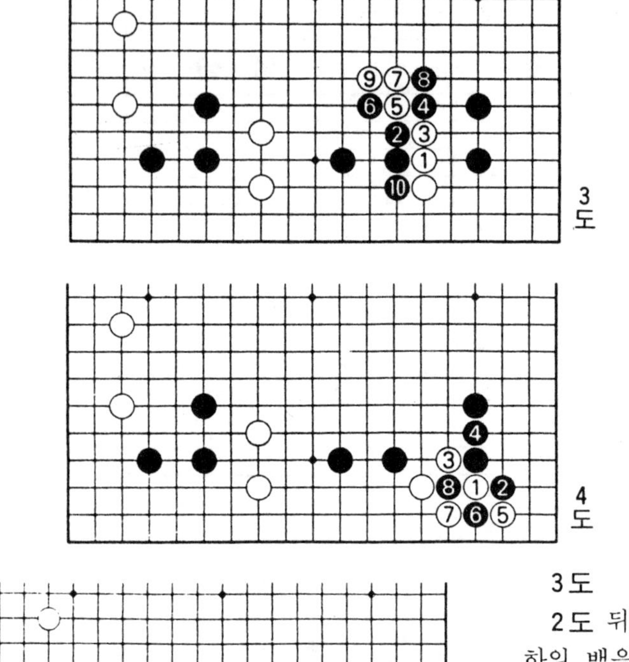

3 도

2 도 뒤, 우
하의 백을 움
직여 내도 백
의 괴로운 싸
움이 계속될
뿐이다.

백 1 에서 5 의 끊기는 흑 6 · 8 이 맥. 흑 10 으로 우하의 백
세 점은 도울 수 없다.

4 도

백 1 · 3 은 다음 백 5 에서의 패 수습을 겨냥하고 있다. 흑 6
· 8 이 천하 살릴 수 없는 패 취하기.

참고도 4 백 1 의 패 세우기는 흑 2 로 이어 흑집 확정.

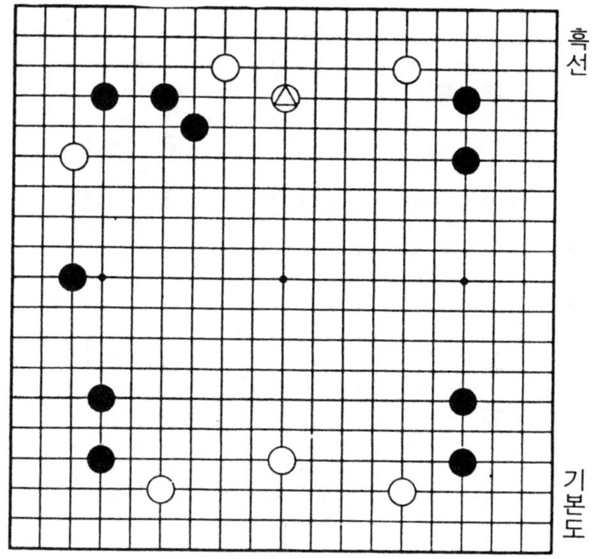

제 4 형

놓인 백돌에 결착(決着)을 붙인다

네 점 접바둑이다. 백△에 놓은 참.

백은 상변과 하변이 수습되어 있다. 흑이 좌우의 변으로 분할된 포석. 여기에서 좌상의 백 한 점에 촛점을 두어 다음 수를 생각하자.

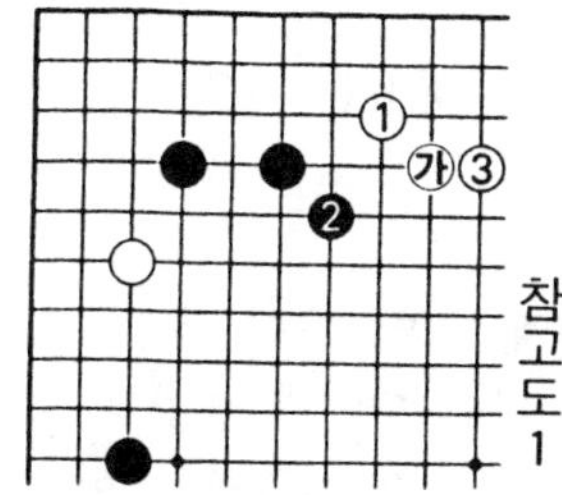

참고도 1

좌상의 형이 만들어진 수순이다. 흑2의 마늘모는 중앙으로 머리를 내밀면서 **가**의 걸치기를 겨냥하고 있다. 백3은 그 방어. 문제는 남겨진 좌상의 백 한 점이다.

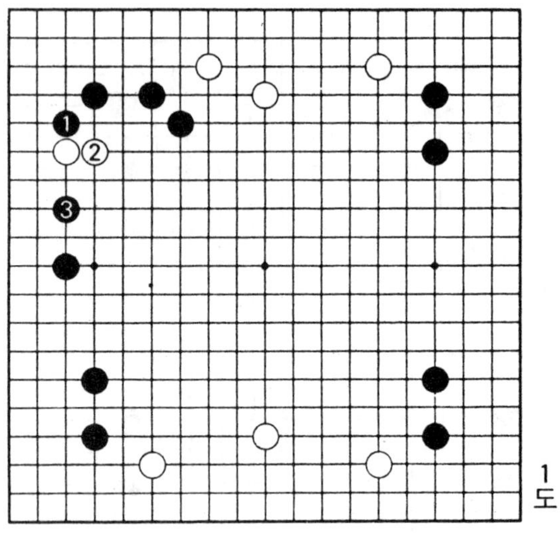

1도

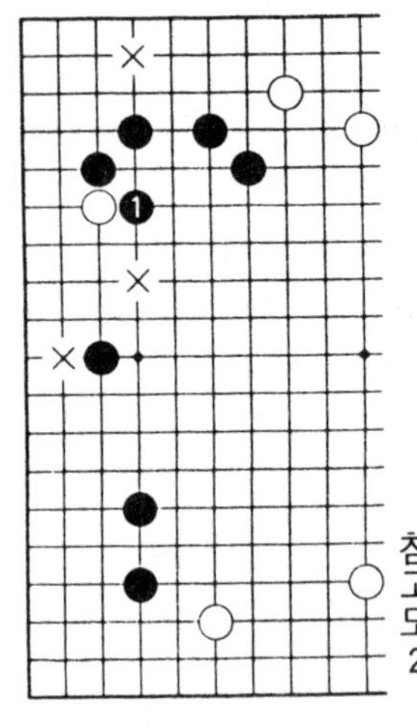

돌은, 취하려고 해도 간단하게는 취해지지 않는다. 특히 접바둑에서 백의 돌을 취하는 것은 어렵다. 그러나, 언제나 취할 수 없다고 포기할 것은 없다.

고립된 백을 공격하는 흑1·3이 강력한 다음 수이다. 백2의 움직여 내기는 흑의 세력권 속이므로 고전이지만, **참고도2**, 흑1로 눌러 넣어지면 질식이다. 흑은 ×표시 속에 30집의 확정지가 만들어지고, 더욱 이 집은 중앙으로 부풀어 오를 것이다. 백은 좌상을 도망쳐 낼 것이다.

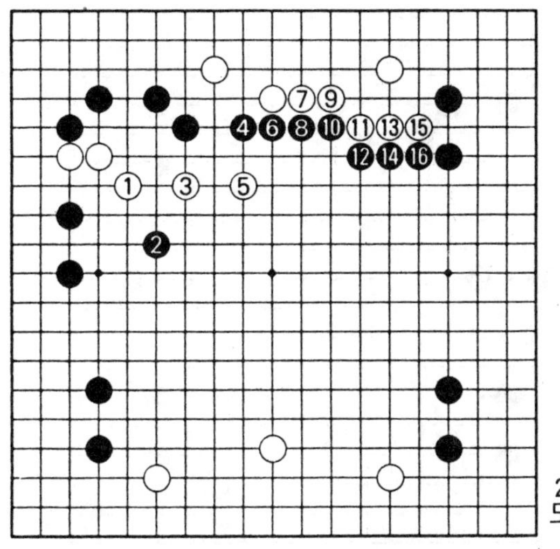

2 도

전도에 이어서 백 1 도 어쩔 수 없는 도망치기이다.

백 1 을 빼어 흑에 1 로 걸쳐져 탈출 불능.

흑 2 에서부터 추격 개시. 이로써 좌변의 흑집이 굳어

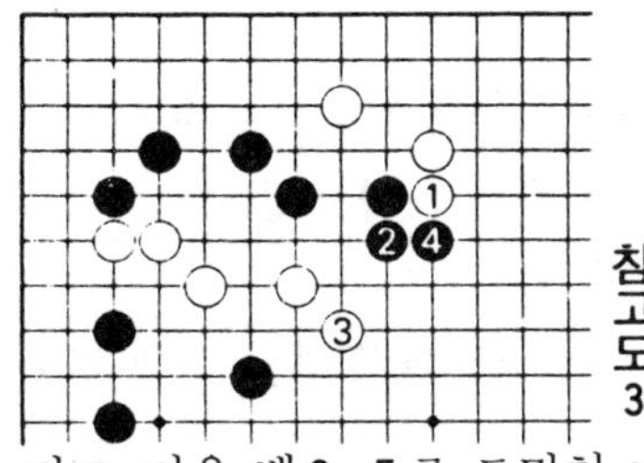

참고도 3

지고, 더욱 백 3 · 5 로 도망쳐 내는 사이에 상변을 흑 6 으로 밀어 중앙으로 외세가 만들어진다.

흑 16 으로 필승의 태세. 백은 좌변에서부터의 다섯 점이 약하고, 이 뒤 더욱 흑에 공격당한다. 그리고 백의 확정된 집이 상변뿐이므로, 이 뒤 전망되는 좌변이나 우변의 흑집에는 대항할 수 없다.

참고도 3

2 도 백 5 에서 1 의 저항은 흑 2 · 4 라는 모양이다.

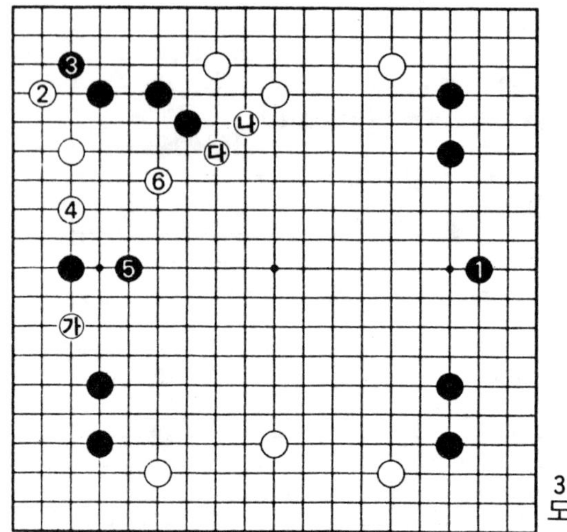

3 도

백으로의 공격을 생각하지 말고, 집 취하기의 큰 곳으로 놓으려는 것이 흑 1 이다. 상하의 한 칸 뛰기에서 일석이조의 큰 곳이므로, 이것도 호점임에 틀림없다.

그러나, 공격의 태세가 정비되어 있는데 공격할 수 없는 것으로는 돌의 효율이 나빠진다.

백 2 · 4 로 좌상의 백을 수습하면 좌상의 흑의 세력이 공전되어, 반대로 백으로부터의 공격 목표가 되지 않는다. 흑 5 는 백 가 의 넣기를 막는 형으로, 흑집의 넓히기는 2 도에 비해 크게 제한되어 있다.

백 6 으로 좌상을 보강하여 넓은 바둑이다. 이 뒤 흑 나 의 뛰기는 공격에 도움이 되지 않는 공배장으로 바뀌고, 반대로 백 다 의 봉쇄는 상변의 백 모양을 확대하면서 좌상의 흑을 공격하는 호수가 된다.

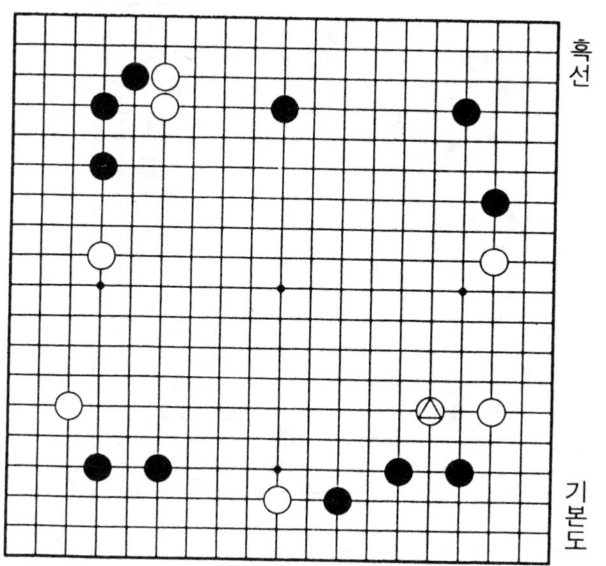

제 5 형
휘감기 공격으로 주도권을 잡는다

네 점 접바둑이다. 백△으로 놓은 때.

초반의 10수로 백은 흑의 세력을 넷으로 분할하고 있다.

그런가 하면 이것은 반대로 백도 분할되어, 약한 돌이 사방에 있게 된다. 백의 약점을 겨냥하여 단숨에 공격하는 흑의 작전은?

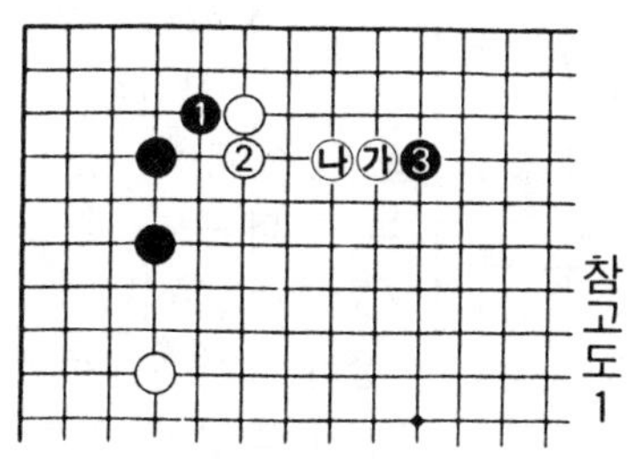

참고도 1

상변은 흑1의 마늘모 붙이기에서 3으로 끼운 형.

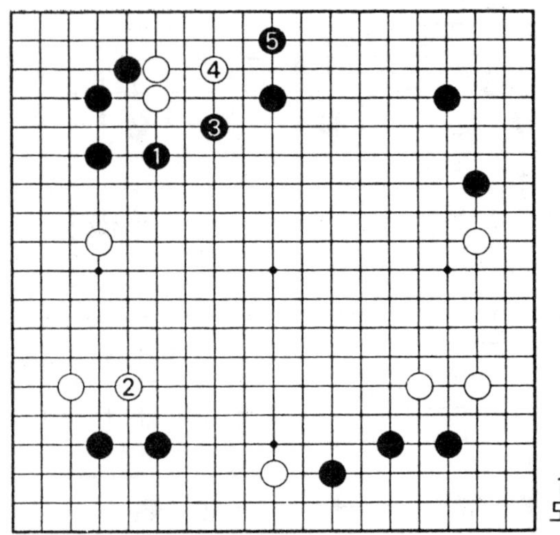

1도

혹1의 뛰기가 백의 세력을 확실히 분할하여 공격의 주도권을 잡는 수이다.

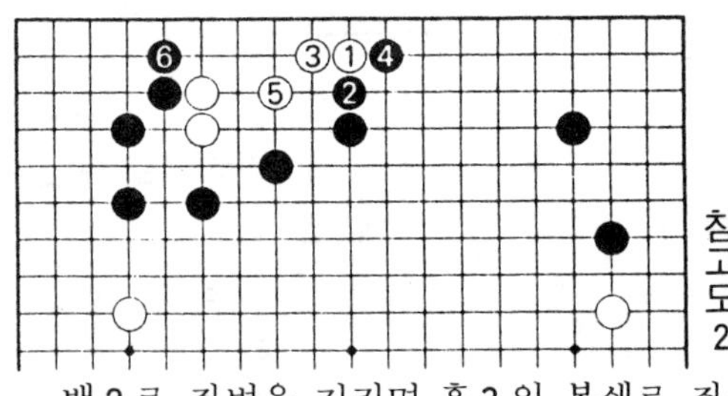

백2로 좌변을 지키면 혹3의 봉쇄로 좌상의 백이 핀치이다. 백4라면 혹5. 이 백이 산다 해도 상변의 혹집이 굳고, 또, 좌상의 혹이 강화되어 혹은 뒤 싸움을 편하게 전진할 수가 있다.

참고도 2

1도, 백4의 변화이다.

백1의 미끄러지기에는 혹2에서 6의 공격이 강력하다. 백이 괴로운 형이다.

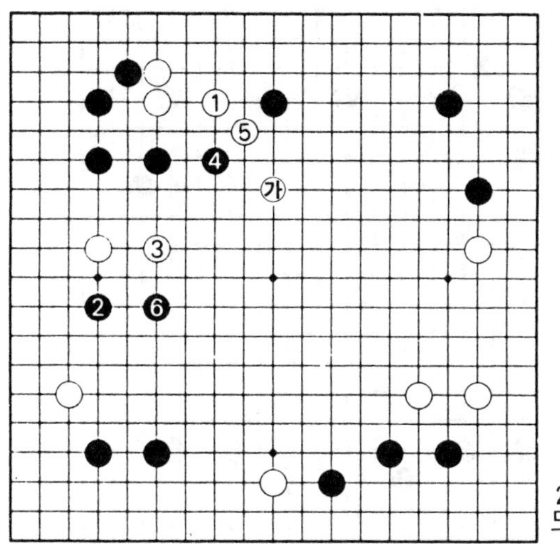

2도

상변의 백 두 점을 한 수로 막아 넣어지면, 나중에 싸움이 잘 되지 않을 것이다.

백은 1로 뛰어 중앙 탈출을 기한다.

좌상의 흑이 강화되었기 때문에 이번에는 흑2의 넣기가 강력해져 있다. 백3이라면 흑4라는 상황.

상변의 백을 공격하고 싶을 때는 좌변에서부터 가져가는, 좌변을 공격하고 싶을 때는 상변에서부터 돌을 움직인다는 공격의 요령이다. 예를 들면, 흑2에서 4, 백5, 흑가 등으로 상변만을 공격해도, '한쪽 돌은 죽지 않는다'로 공격이 공전된다. 그리고, 상변에 강력한 세력을 구축한 뒤, 흑2로 놓아도, 이번에는 백3으로 움직여낼지 어떨지 모른다.

백3으로 쫓아낸 다음 흑4, 또 백5 뒤 흑6으로 불즉불리의 공격을 계속하면, 상변, 좌변, 좌하의 백이 뿔뿔이. 세 곳 휘감기로 흑이 낙승이 된다.

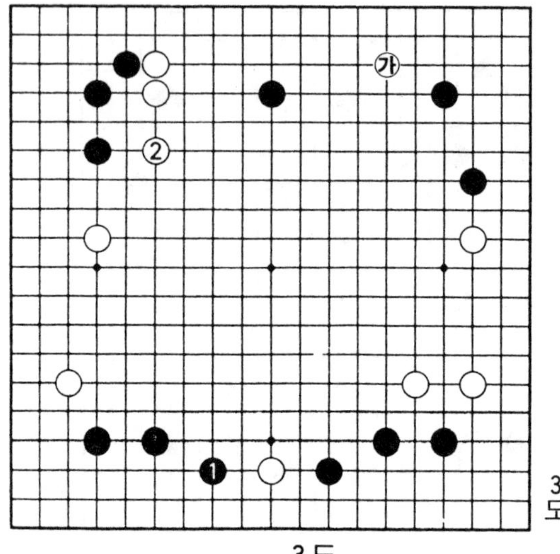

3도

혹1은 하변을 공격하는 수. 그러나, 좌변과 좌상의 백을 공격하는 찬스를 놓치고 있다. 백은 2로 뛰어 좌상을 굳혀 넓은 바둑이 될 것이다. 백2 뒤, 백가가 상변의 혹 한 점을 고립시키는 수가 되고, 또, 좌상의 혹에도 겨냥이 생겨 혹이 용이하지 않은 국면이다.

참고도 3

상변의 백이 강하기 때문에 좌상의 혹에 백1의 겨냥이 생긴다. 혹2, 백3으로 좌변의 백집이 넓어진다. 혹2에서 3은 백가. 공방 역전이다.

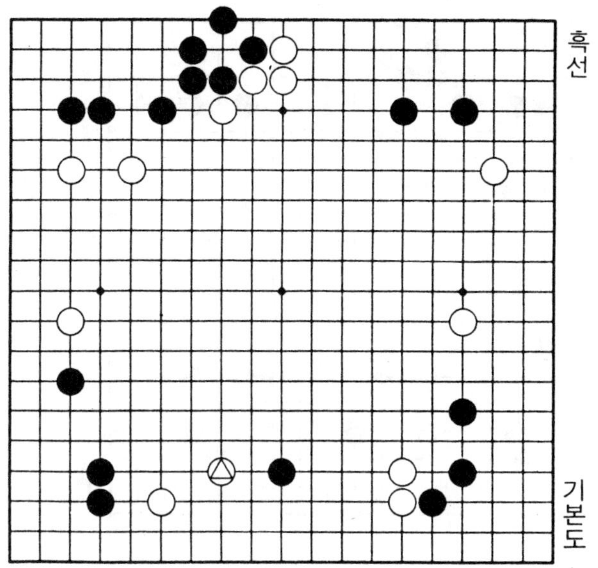

제 6 형

백을 궤멸시키는 공격의 거점

네 점 접바둑이다. 백△으로 놓은 때. 여기까지의 싸움은 다소 흑의 움직임이 둔하다. 그러나 아직 흑이 우세한 국면이다. 싸움은 우하의 백 두 점이 촛점이 된다.

하변의 흑 한 점은 우하의 백 두 점을 공격하고 있는지, 또는 백에 협격되고 있는지 분명치 않다.

흑이 강경하게 공격하기 위한 조건은 하변의 흑 한 점의 강약보다도, 우하나 좌하의 흑이 강하냐 어떠냐에 관계된다.
또, 싸움은 하변만이 아닌, 우변의 백의 얇은 맛도 문제이다.
우하의 흑이 강해지면 우변의 백이 약해지기 때문에 촛점은 우변으로 이동한다.

흑의 다음 수는 어떻게 될까?

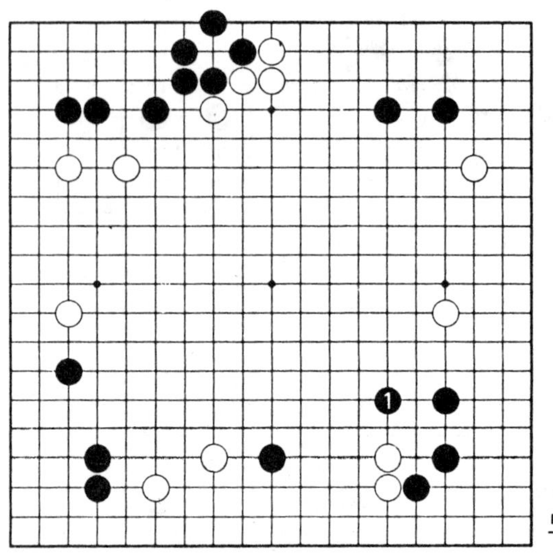

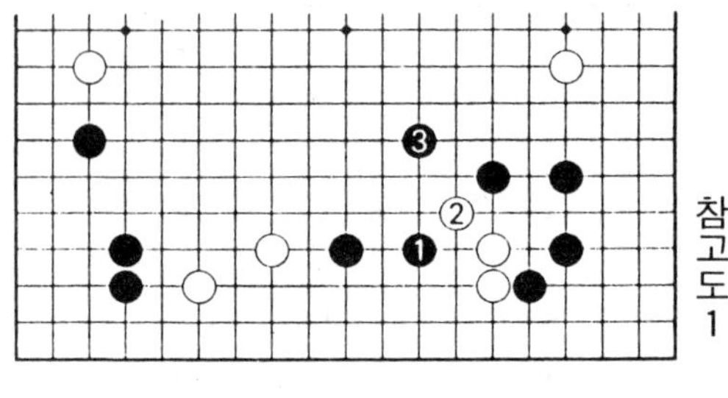

1도

다음 한 수는 흑1의 뛰기. 우하의 흑을 강화하는 것이다.

흑1은 백 두 점으로의 공격과 우변의 백으로 놓는 것을 겨냥하고 있다.

참고도 1

백이 우하를 손 빼기를 하여 우변의 얇은 맛을 지키는 것은 흑1의 공격으로 백이 괴롭다.

백2로 중앙으로 도망쳐 내면 흑3으로 쫓아 세워, 좌하의 백을 겨냥한다. 하변의 흑이 강해져 있기 때문에 백은 궤멸할 것이다.

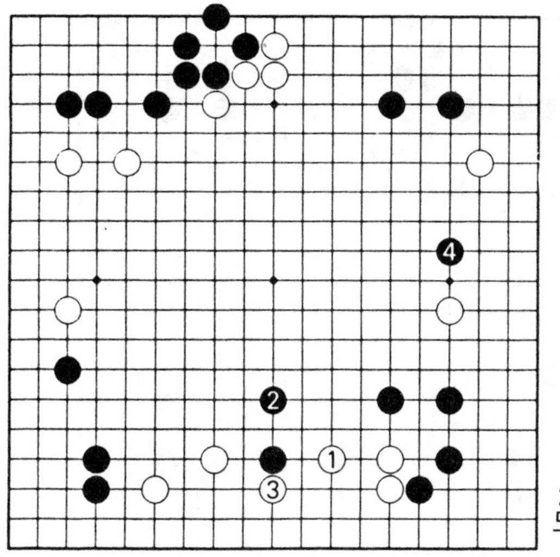

2도

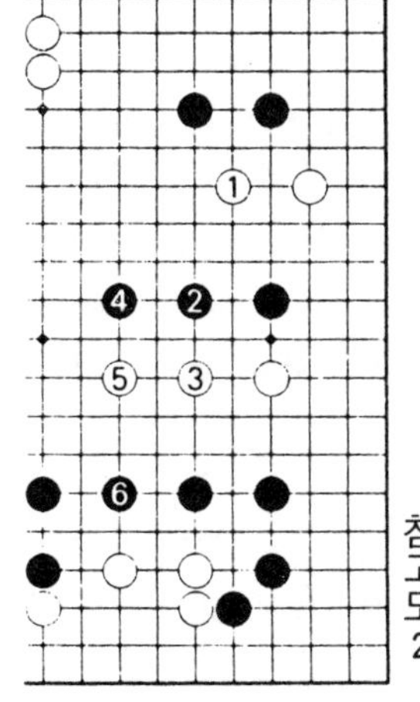

1도 뒤, 하변을 손 빼기를 하는 것은 흑이 알기 쉬운 필승의 태세가 된다. 그리고 백 1 의 뛰기에서 3 으로 하변을 지켰다.

흑 4 의 넣기가 다음 겨냥. 이로써 우변의 백은 상하로 분단되어 고전하게 된다.

참고도 2

2도 뒤, 백 1 · 3 으로 상하의 백을 구하려 하는 것은 흑 6 까지로 추격되어 백은 수습할 수 없다. 그렇다고 해서 상하 어느쪽인가를 버리는 것도 백 불리. 흑의 편한 바둑이 된다.

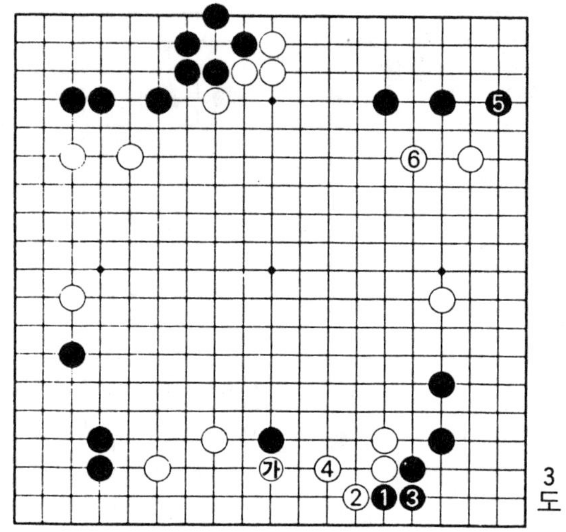

3도

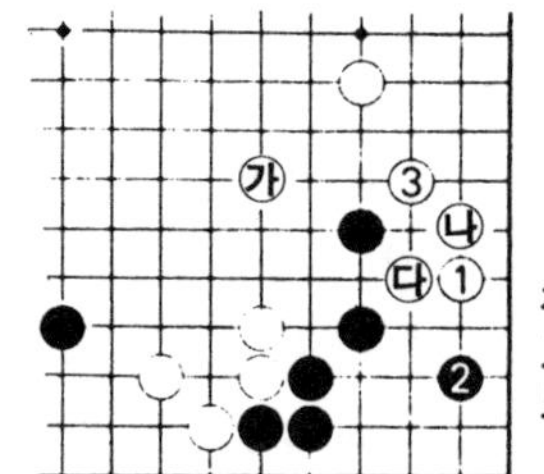

참고도 3

혹1·3의 젖혀 잇기도 귀를 굳히고 있다. 그러나, 이 형은 수비에 치우쳐 있어 백을 공격하는 박력이 빈약하다. 백4로 걸쳐 이어 가의 건너기가 있기 때문에 혹의 공격은 듣지 않는다. 따라서 하변의 혹 한 점이 움직여 내도 백의 공격 목표가 될 뿐이다.

혹5, 백6으로 혹은 네 귀를 굳혔으나, 이 정도의 집 취하기로는 네 점의 효력은 거의 없어져 있다고 해도 좋을 것이다.

참고도 3

혹이 지킨 우하귀는 가 쪽에 백이 가해지면 백1의 겨냥이 생긴다. 혹2라면 백3으로 우변의 백집이 커질 것이다.

혹2에서 나의 봉쇄는 백다로 저항되어 좋지 않다.

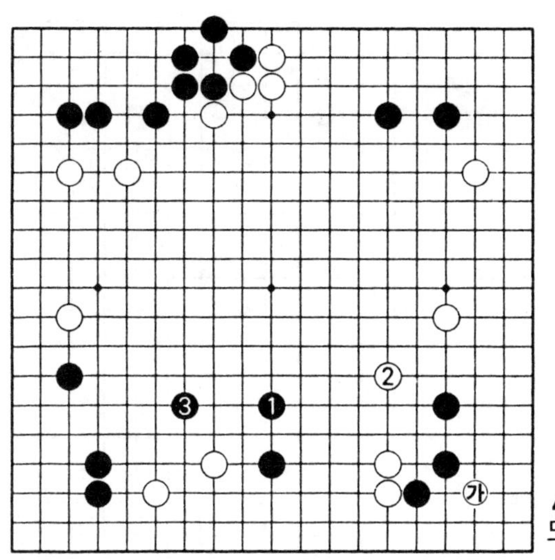

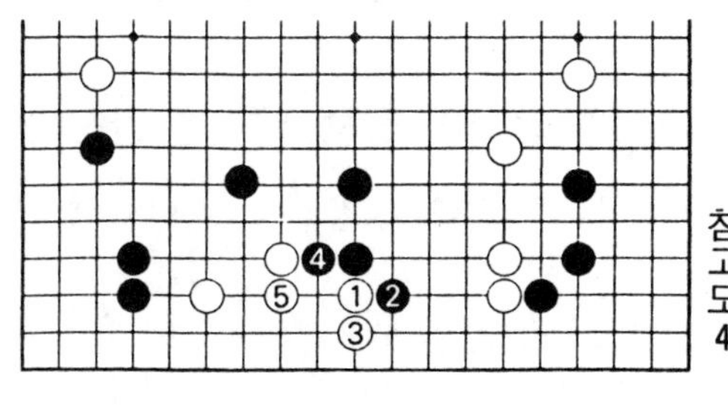

4 도

하변의 공격만을 생각하면 흑1로 뛰어 백을 좌우로 분할하면 흑이 유리한 형이다. 그러나 백2로 우하를 지키게 하면 우하귀의 흑이 약해져 우변의 백으로의 겨냥이 사라지고, 반대로 백가를 염려하지 않으면 안된다. 게다가 흑3으로 좌하의 백을 봉쇄해도 이 백 두 점을 취한 것은 아니다.

참고도 4

하변의 백은 1에서 5로 편안히 수습한다. 이 결과, 흑은 공격하는 백돌이 없어져 어려운 바둑이 된다.

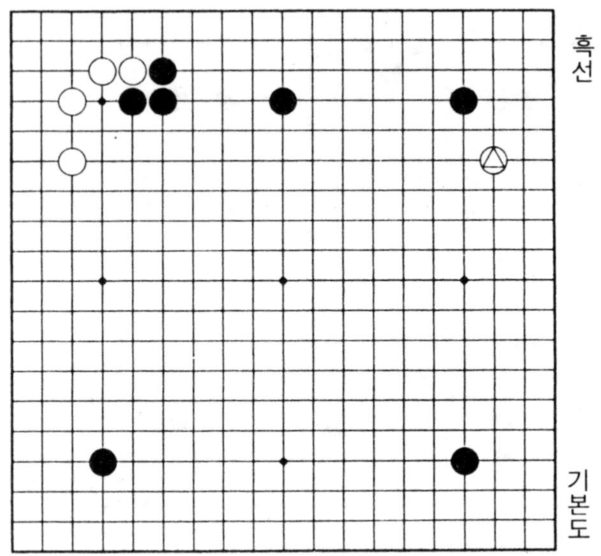

제 7 형

놓인 돌을 작용시키는 정석이 필승 태세를 만든다

세 점 접바둑이다. 우상에 백△으로 걸쳤다. 이어서 흑은 어떤 정석을 선택할까.

접바둑에 공통되는 것은 각각 귀에서 호각의 정석을 놓으면 안심할 수 있다는 것이다. 네 개의 귀가 호각이라면 놓인 돌의 핸디캡이 그대로 남는 것이 된다.

그러나, 정석대로 놓여졌는데도 형세 불명인 경우가 있다. 그것은 부분의 정석이 전국적인 움직임에 도움이 되지 않았기 때문이라고 생각하면 좋을 것이다.

우상의 정석을 상변의 흑의 세력, 우하의 세력과 관련시켜 선택하려 하면 놓인 돌의 상승 효과가 생기고, 필승의 태세를 만들기 쉬워진다.

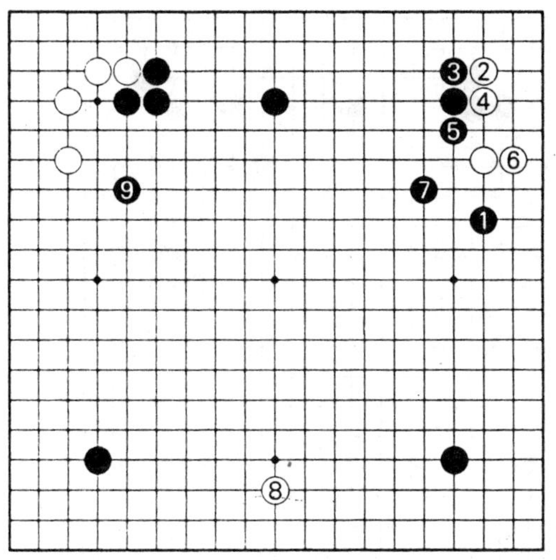

1도

포석의 초기이므로 흑의 강한 수가 효과를 낸다. 백을 공격하는 가장 강력한 수는 흑1의 끼우기.

백2의 3·3에는 흑3에서 7까지로 백을 봉쇄한다. 우상의 흑의 세력은 상변과 관련하여 큰 모양을 형성하고, 중앙에서 하변에도 영향을 준다. 흑9까지 필승의 구도이다.

참고도 1

백1로 중앙에 도망쳐 내는 변화는 흑2에서 14까지의 정석으로 흑 유리하다. 상변과 우변의 흑집이 굳어 흑이 놓기 쉬워진다.

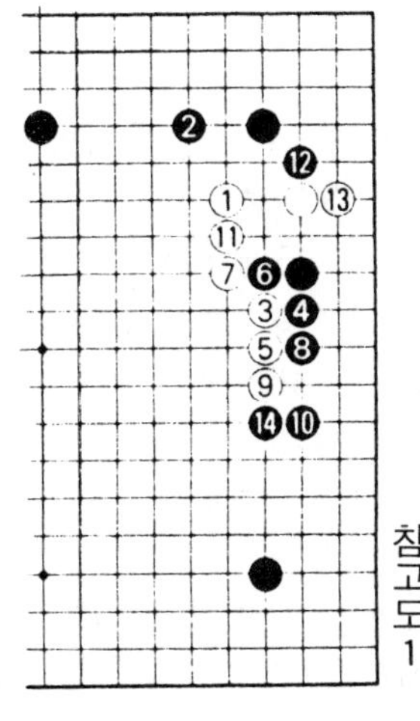

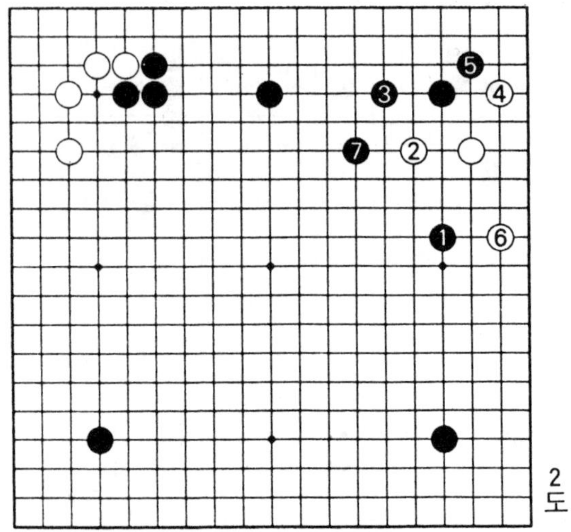

2
도

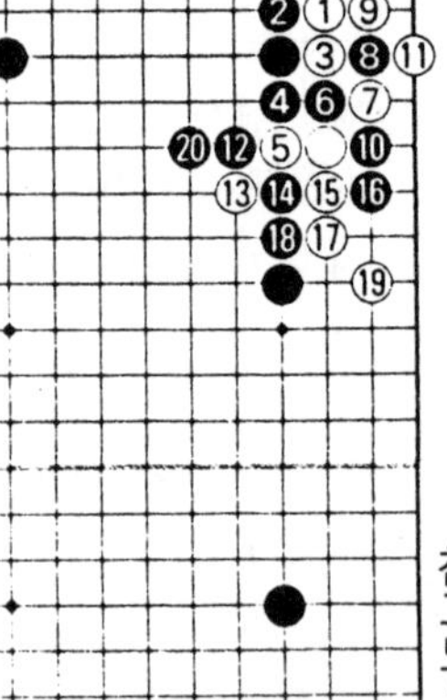

참
고
도
2

2 도

혹1의 두 칸 높이 끼우기도 유력하다. 백을 공격하면서 상변을 지킨다.

백2에는 6까지로 수습한 다음, 혹7이 상변의 모양을 넓히는 호점이 되어 있다. 1도에 비해 상변의 혹집은 굳어 있고, 백을 봉쇄하고 있지 않다는 의미에서 일장일단. 세 점 접바둑으로써는 1도 쪽이 보다 간명할 것이다.

참고도 2

2도, 백2에서 백1의 3·3 넣기는 혹2에서 20까지의 정석이다.

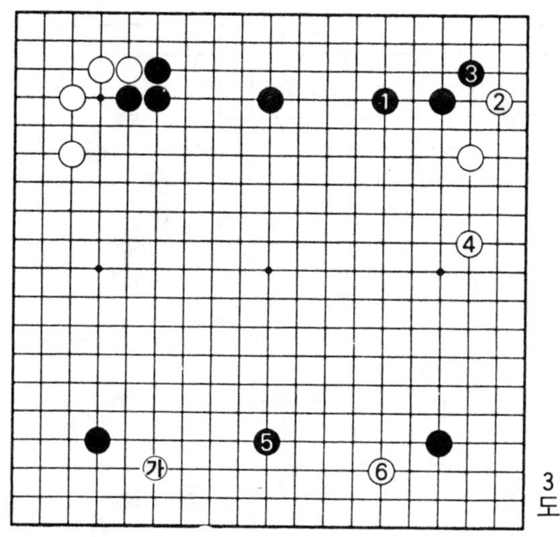

3도

혹1에서 백4까지는 극히 평범한 정석. 이것으로 혹이 나쁘다는 것은 아니다. 그러나, 백은 우변에 단단히 뿌리를 내리기 위해 혹의 세력을 상하로 확실히 분산시키고 있다.

상변과 하변의 혹의 세력이 관련되면 중앙도 혹의 세력권이 된다. 그것은 곧 계산할 수 없는 프러스 요인, 놓인 돌의 상승 효과이다.

백의 작전은 놓인 돌의 작용을 분산시켜 상승 효과를 없애 버리려는 것에서부터 시작된다. 그리고, 분산된 혹의 집에는 각각 여러 가지 수단이 생겨 복잡한 바둑이 되는 것이다.

혹5는 하변의 놓인 돌을 관련시킨 큰 곳. 3연성이지만, 백6 또는 가로 침입하여 더욱 혹집의 세분화를 겨냥해 갈 것이다. 도중이 긴 바둑이 되면 백에 찬스가 생긴다. 이 의미에서 초반에 스케일이 큰 모양을 만들어 버리면 바둑이 단순해져 이기기 쉬운 바둑이라고 할 수 있다.

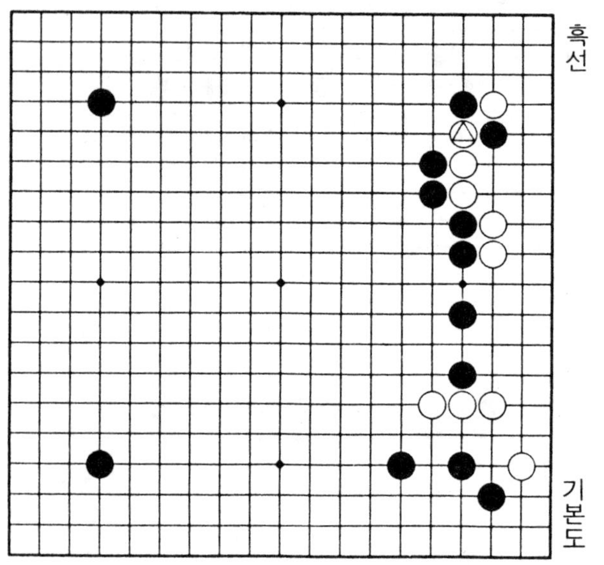

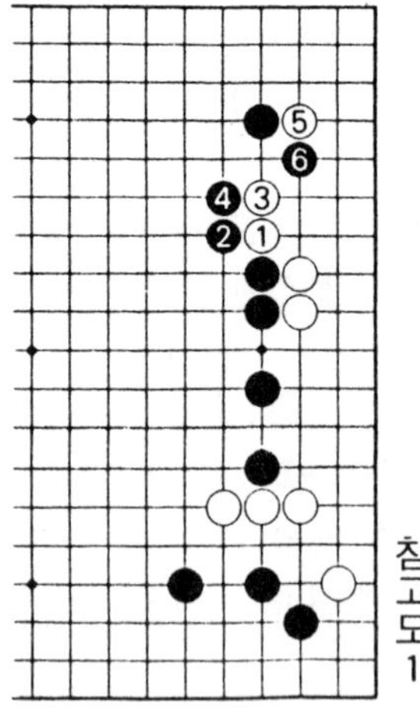

제 8 형

강대한 세력을 만드는 버림돌 작전

네 점 접바둑이다. 백△으로 끊은 때.

우상의 싸움은 **참고도1**의 수순으로, 흑은 공격하면서 외세를 뻗으려는 작전. 단 흑6으로 젖혀낸 다음 중앙과 귀와의 선택에 흑은 방황할 것이다.

다음 한 수와 흑의 구상은?

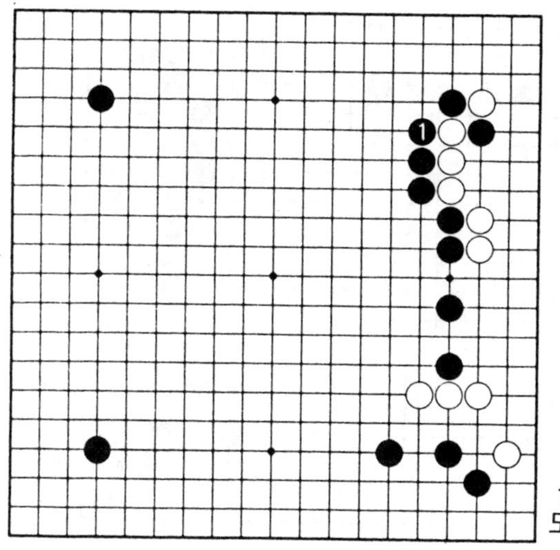

1도

혹의 다음 한 수는 1의 누르기
이다. 백을 공격하는 것은 취하러
가는 것이 아니다. 공격하면서 귀
와 관련시켜 외세를 강하게 하려
는 구상이다.

참고도 2

백 1로 안아 흑 한 점을 취하여,
공격당하고 있던 백은 편안히 산
다. 그러나, 본래 취할 수 없는 돌
이었기 때문에, 흑을 살려 충분. 이
형에서는 **가**의 끊기를 보고 흑 2
의 누르기가 선수. 흑 4로 이번에
는 우하의 백을 공격하면 좋을 것
이다.

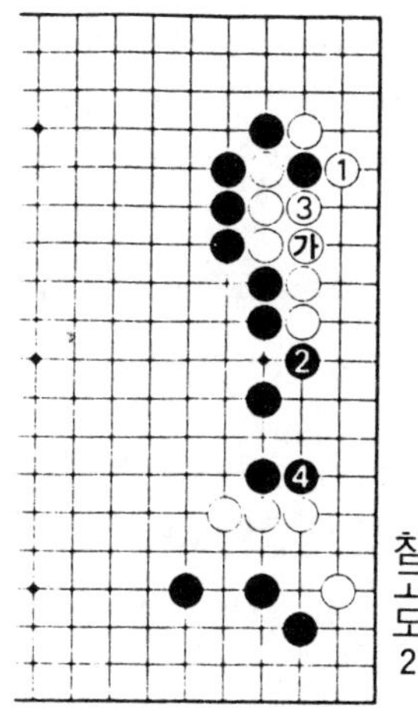

참고도 2

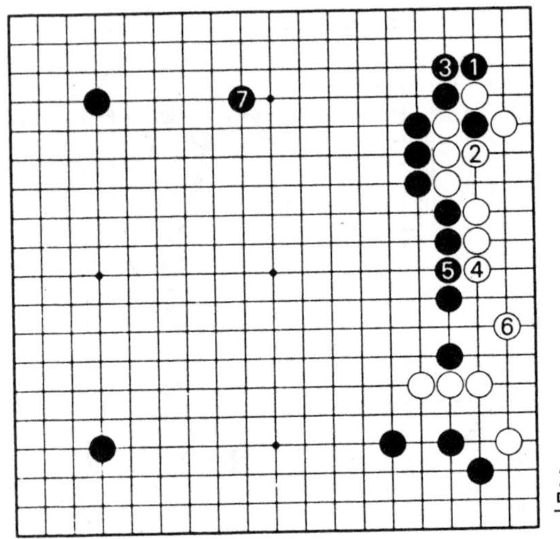

2도

1도 뒤, 흑**1·3**으로 귀를 정하는 것도 유력하다. 이로써 우변에 강력한 외세가 생겼다.

우상의 백은 산 것, 우하의 백이 아직 분명치 않다. 그리고 백**4·6**으로 우변을 건너려고 할 것이다. 이 형은 백을 공격하여 취해 버리자는 의미에서는 흑이 실패이다. 그러나, 돌은 취할 수 없어도 바둑은 낙승.

흑**7**로 상변의 큰 곳을 점유하고, 상변의 흑 모양은 백 집의 스케일이다. 우변에 만든 백의 집은 겨우 25집. 우상만에 한정된 흑 모양으로도 가져갈 수 없다.

기본도에서의 흑의 공격은 중앙에 세력을 만든다는 의미에서 돌을 취하러 가는 것은 아니다. 따라서, 백을 살리는 것은 2차적인 문제, 우변에서 우상귀에 관련된 두꺼운 맛을 만들면 뒤는 편안하게 대국을 리드할 수 있다는 판단이다.

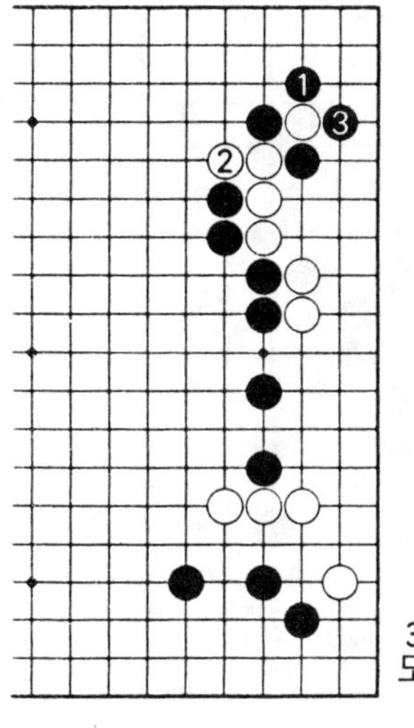

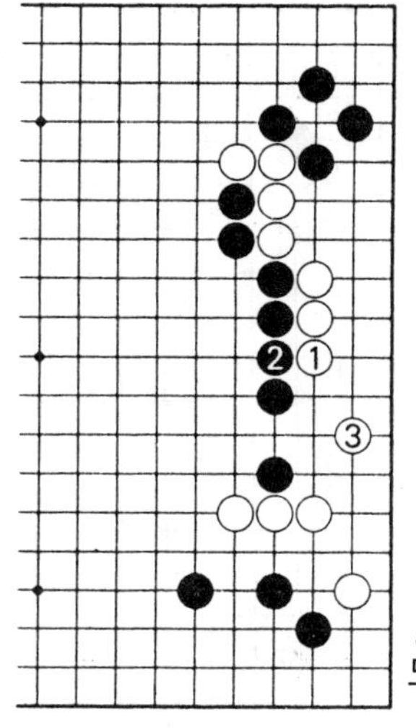

3 도

4 도

3 도

흑1의 단수는 귀와 변을 별도로 생각한 놓기이다. 백2, 흑3으로 만들고, 더욱 백의 근거를 빼앗는 공격을 계속할 수 있는 것이다.

빼기는 절호형이다. 귀의 집도 집 이상으로 커, 20집 이상 증가한다. 그러나 모처럼의 빼기도 흑의 세력이 2분되면 오히려 불리한 결과가 된다. 일관된 흐름을 거슬려, 돌이 모순되어 있기 때문이다.

4 도

전도 뒤, 백1·3으로 우변의 백을 연결했다고 하자. 중앙의 흑은 백에서의 공격 목표가 되어 있다. 비록 이 흑이 10집 정도의 집을 만들어 산다고 해도, 2도와 같은 스케일이 큰 모양은 운산무소(雲散霧消). 흑에는 귀나 중앙으로 분할된 작은 집밖에 없다.

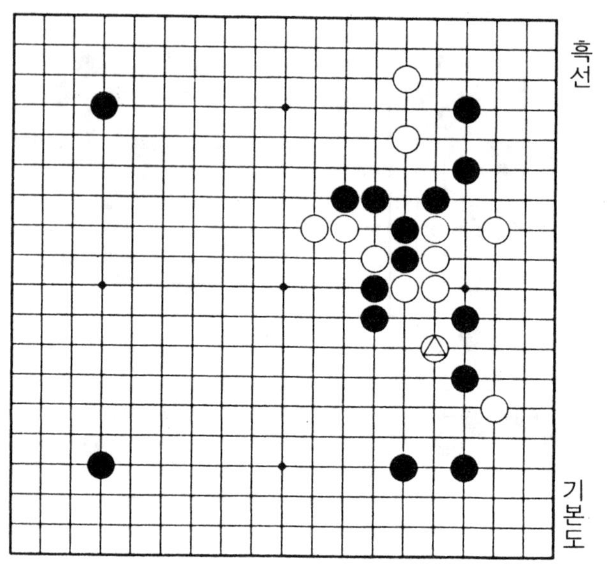

제 9 형
초반의 싸움이라도 백 집 승리의 결정수가 있다

네 점 접바둑이다. 백△에 빼어 우변의 백을 도망쳐 내고 있다.

우변의 형은 **참고도1**, 백1에서 생긴 것. 이 그림은 앞에서 유형이 있다.

흑의 강력한 공격으로 백이 다운되기 일보 직전, 여기에서 공격수를 놓고 싶다.

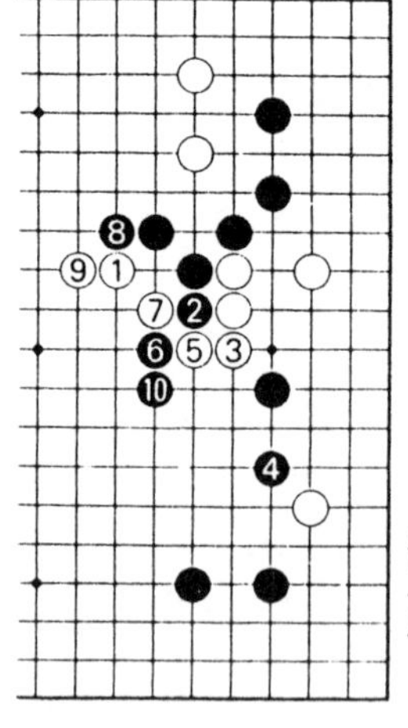

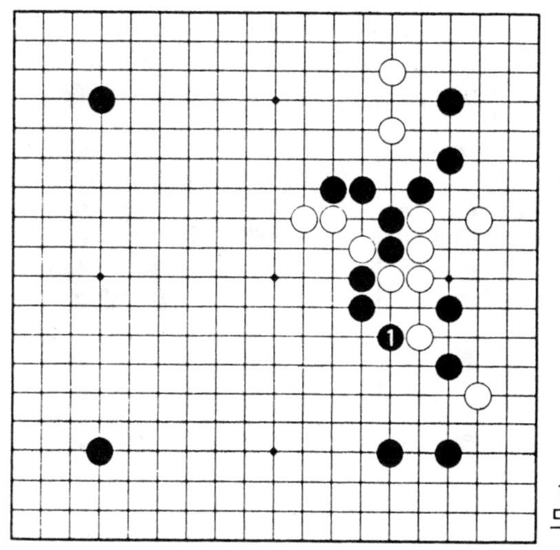

1 도

1 도

포석의 초기에서부터 우변에서 싸움이 일어났다.

흑에는 놓인 돌이라는 준비가 있고, 백은 준비없는 상태이므로 싸움이 격렬할수록 흑이 유리하다.

흑1의 마늘모 붙이기가 다음 한 수. 이것으로 백은 수 올리기이다.

참고도 2

1 도 뒤, 백 1 로 붙었다고 하자. 흑 2 에서 6 으로 우변을 찔러 우하에 큰 흑집이 확정되었다. 이 뒤, 백 가로 우변을 살리면 흑 나로 중앙을 공격, '백 집 승리'라는 낙승의 케이스이다.

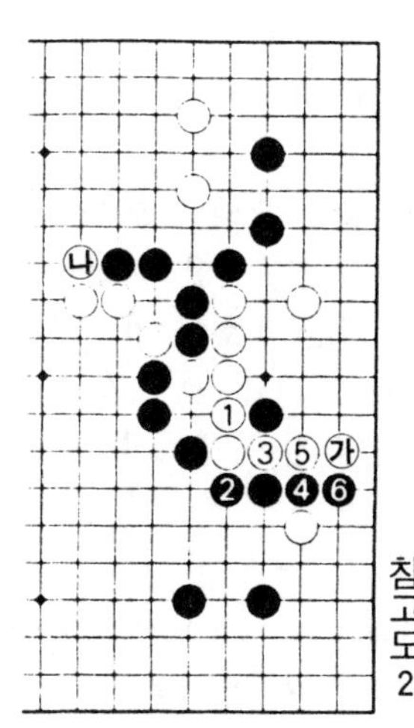

참고도 2

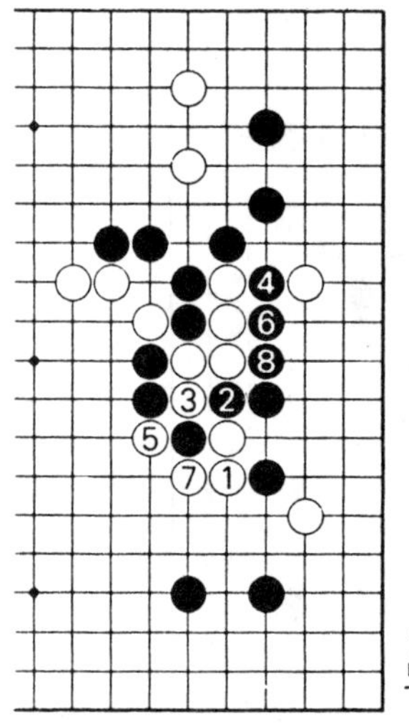

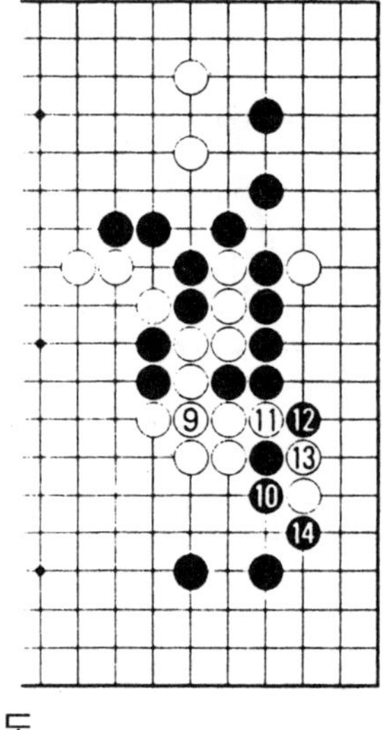

2
도

3
도

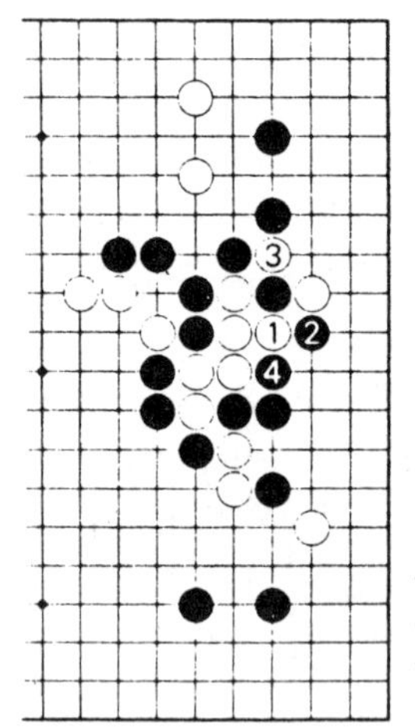

참
고
도
3

2 도

백 1 로 저항하는 변화이다. 흑
2, 백 3 에서 백은 공배 메꾸기의
형. 흑 4 로 젖혀내어 백을 조인다.
백 5 에는 흑 6·8 의 조임.

3 도

백 9 까지 중앙의 백은 도움이되
지만, 흑 10 으로 우변을 분단하여
백 두 점을 삼킨 흑집이 만들어진
다. 백 11·13 은 흑 14 로 그것까지.
우변에 60집의 집이 생기면 백이
곤란.

참고도 3

2 도, 백 5 에서 백 1 로 저항하는
것은 흑 2 에서 빙글빙글 도는 축.

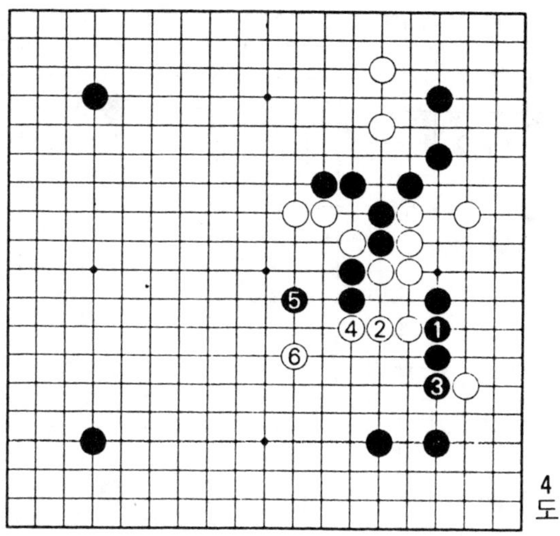

4도

우변의 백은 뿔뿔이, 붕괴의 핀치였다.

초반전은 놓인 돌의 세력을 살려, 흑은 호각 이상의 싸움을 벌일 수가 있다. 그러나, 싸움이 에스카레이터 되어 어려운 상황이 되면 무기력해져 찬스를 놓치고 만다.

기본도 뒤, 흑1로 붙었다고 하자.

백2로 연결하여 우변의 백이 중앙으로 탈출할 수 있다. 흑은 3으로 우하의 백 한 점을 눌러 넣어 충분하지만, 백4·6으로 중앙을 놓아 도망쳐 내는 형에서는 국세는 점점 어지러워진다.

우변의 흑의 놓기는 백의 얇은 맛을 겨냥하는 강력한 작전이었다. 그러나, 이와 같은 싸움에 익숙해져 결정타를 잃지 않게 되면 이미 네 점 바둑은 아니다.

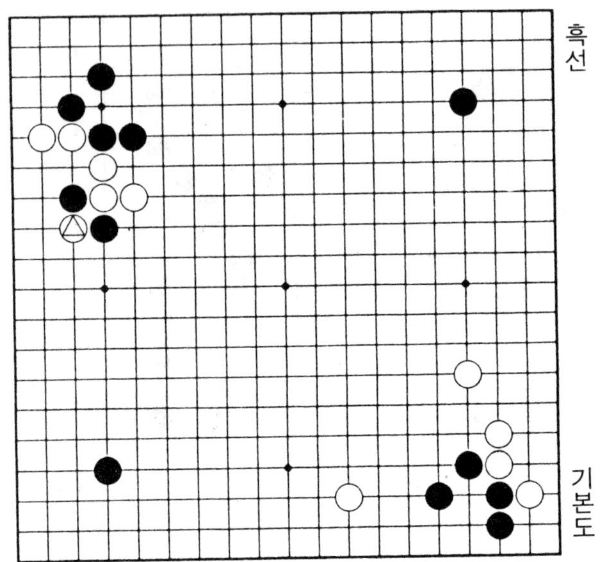

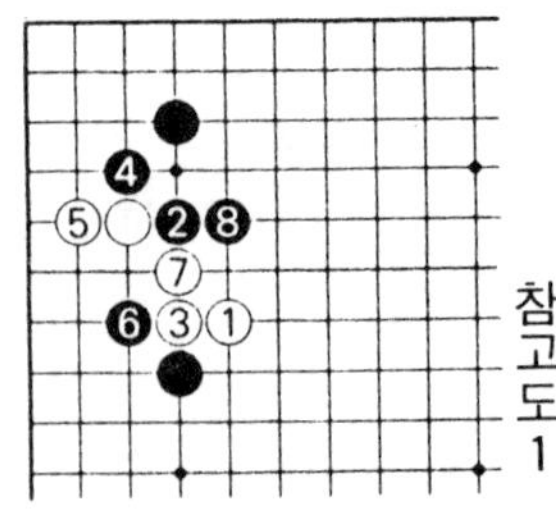

제 10 형
백을 리드하는 포석은 정석
의 활용으로 정한다

두 점 접바둑이다. 좌상은 두 칸
높이 메우기의 정석

참고도 1, 백 1 에서 흑 8 까지가
될 때 백△으로 끊었다.

정석은 귀의 싸움이다. 기본도의
단계에서 귀의 부분은 일단락이지만, 이 뒤 정석의 활용 문제
가 남는다. 활용에 따라 우세가 나뉘고, 특히 맞바둑에 가까
운 두 점 접바둑에서는 한 귀의 작은 불리가 놓인 돌의 효력
을 저하시켜 형세 불명이 되어버린다.

다음 흑의 한 수는 어디일까.

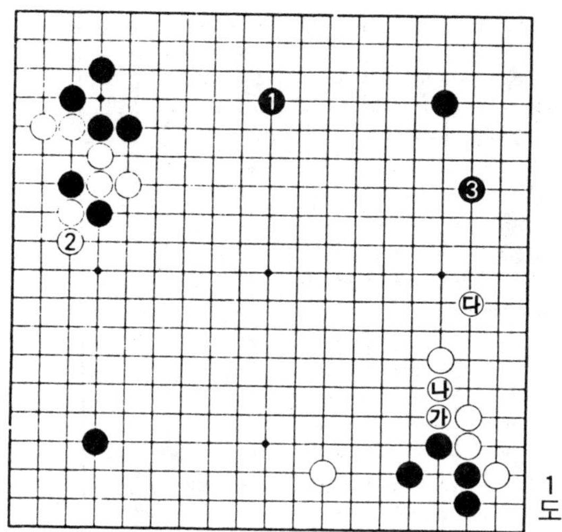

1도

다음 흑 한 수는 상변 흑1의 큰 곳이다. 좌상의 세력을 배경으로 하여, 상변에 흑 모양을 만든다. 우상의 놓인 돌과도 관련되어, 흑 모양의 스케일이 크다. 흑의 포석일 것이다. 이 뒤 백2로 좌변을 지키면 흑3으로 우상귀를 조여 충분. 이어서 흑가, 백나, 흑다가 유력한 겨냥이 된다.

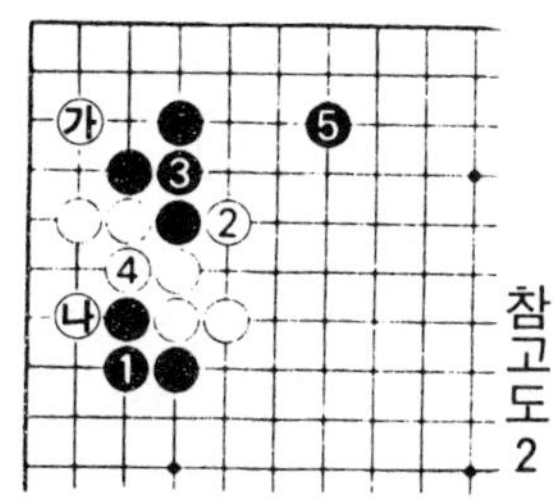

참고도 2

참고도1, 흑8에서 흑1로 좌변을 지켰다고 하자. 백2로 머리를 맞아 흑은 빈 삼각의 우형. 백4 뒤 흑5로 지키지 않으면 안된다.

좌변의 백은 **가**의 뛰어 넣기, **나**의 젖히기로 눈모양이 풍부함으로, 좌변의 흑 세 점이 백의 공격 목표이다.

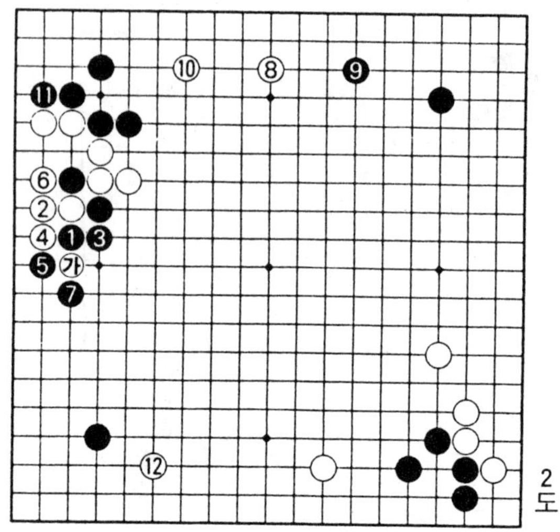

2
도

2도

혹이 중시하는 것은 우상귀에서 상변에 걸친 모양이다. 그러나, 혹 1·3 으로 좌변을 결정하는 것은 선수 살리기처럼 보이기 때문에, 먼저 좌변을 놓고 싶어질 것이다.

백 4·6 은 경우의 수단. 가의 끊기가 축이 되기 때문에 혹 7 의 수비가 필요하다. 즉, 혹은 선수를 취할 예정이 흔들리고 있다.

백 8 로 상변에 갈라 넣으면 좌상, 우상의 혹의 세력이 분할되고, 좌상의 혹의 작용이 불충분해져 버린다.

백 12 까지는 아마츄어 실전에 만들어지는 형인데, 혹은 좌변에 예정되는 작은 모양에서 백에게 대항하지 않으면 안된다. 그리고 좌변을 지키면 하변에 백집이 만들어지므로, 이 포석의 단계에서 상당히 넓은 바둑, 혹이 이기기는 어려울 것이다.

두 점 접바둑에서는 초반의 작은 실수가 그대로 승부에 영향을 준다.

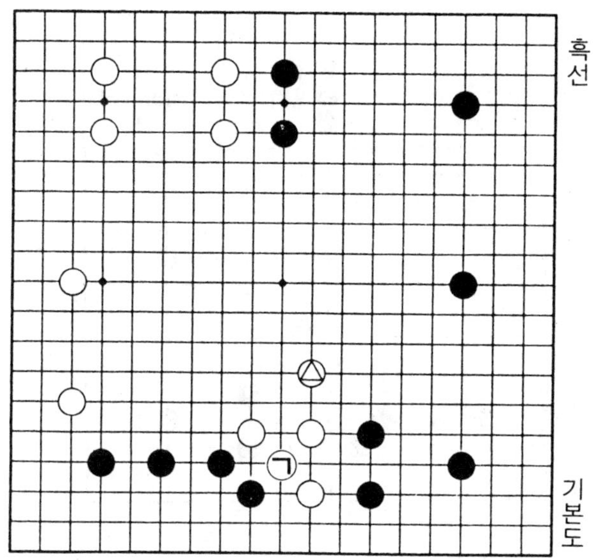

제 11 형
백을 압도하는 장대한 모양 작전

두 점 접바둑이다. 하변의 백을 지키고, 백△으로 뛰었다. 흑ㄱ의 빼기를 막는 것과 함께, 우변이나 상변까지의 흑 모양을 지우는 실마리를 만들고 있다.

그런데, 하변의 백이 강화되면 좌하의 흑집이 마음에 걸린다. 3·3의 결함이 분명하기 때문이다. 또, 흑이 여기를 한 수를 걸어 둘러싸면 20집 이상의 확정지가 생겨 매력도 크다.

또 한번 전국을 둘러보자. 좌변의 백, 우변의 흑이라는 모양의 대결이 지금 절정에 달한 때이다. 좌하를 둘러싸는 정도의 비중을 점령할 수 있을까를 생각하여 다음 수를 결정하지 않으면 안된다.

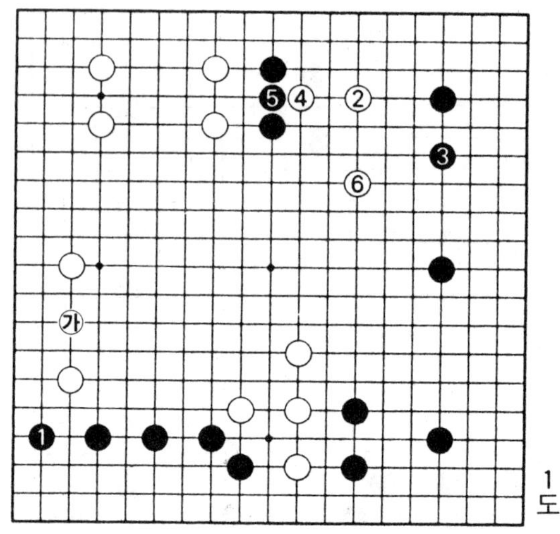

1도

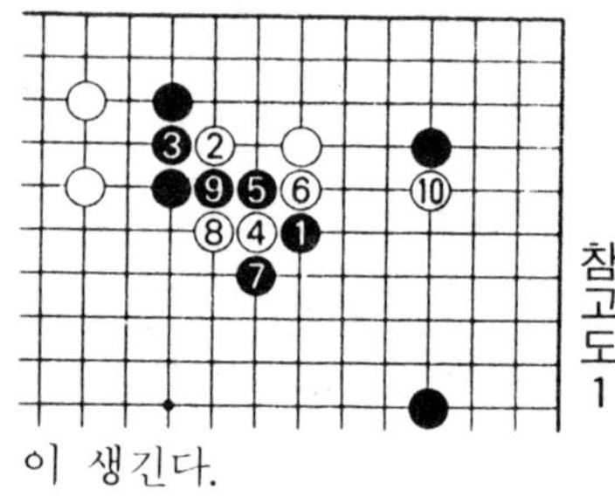

참고도 1

우변의 흑 모양은 너무 커서 에워쌀 방법을 모르겠다. 그보다 확실한 좌하를 놓는다 라는 생각이 흑 1 이다. 이로써 흑은 20집 이상의 집을 만들고, 더욱 **가**의 겨냥이 생긴다.

흑 1 은 호점임에는 틀림없으나, 백 2 로 상변을 어지럽혀 어려워진다. 흑 3 이라면 백 4·6 으로 흑집을 어지럽히면서 흑 세 점을 공격하는 형이므로 백 유망이라고 할 수 있을 것이다.

참고도 1

흑 1 의 공격에는 백 2 에서 4 로 붙이는 맥이다. 흑 9 의 뒤 백 10 으로 우상귀에 기대 백이 편안히 푸는 형. 이것도 흑은 좋지 않다.

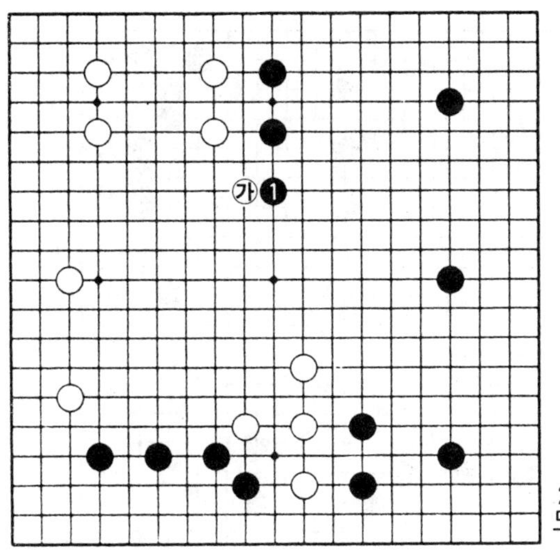

2 도

전국을 둘러본 다음 수는 흑1의 뛰기이다.

우변과 좌변의 모양의 스케일 싸움이므로, 우선 스케일을 벌린다는 것이 중요하다. 좌하의 흑집을 굳히는 것은 그 다음의 문제.

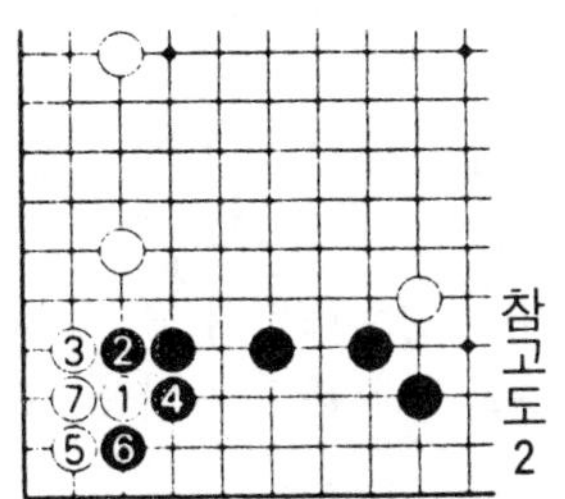

우상의 모양은 아직 완전한 집이라고는 할 수 없다. 그러나, 흑1로 벌려 두면 상변이나 우변 어느쪽인가를 확정지로 전망한다. 또, 흑1은 좌변의 백모양 넓히기를 제한하는 의미를 갖고 있다. 즉, 백가의 방어이다. 더욱 하변에 떠있는 백으로의 공격 겨냥도 있다.

참고도 2

좌하 백1의 3·3 넣기는 약 20집의 크기. 그러나 우상의 흑집을 굳히면 백이 지게 된다.

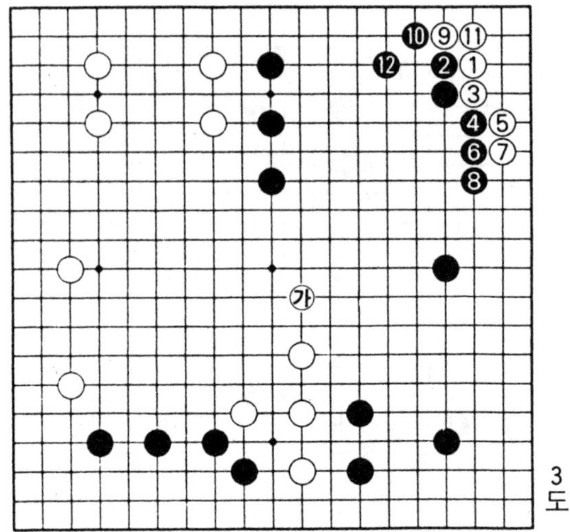

3도

2도 뒤, 우상의 흑집은 **1**의 3·3으로 양쪽을 지키는 것이 되고, 우상만으로 60집 이상의 집이 확정될 것이다.

따라서, 백**1**의 3·3 넣기는 최대의 어지럽히기이다. 흑**2**에서 **12**까지는 거의 필연. 백은 선수로 귀에 10집 가까운 집을 만들었으므로 이 이상 바람은 없다.

그러나, 백이 받은 상변의 흑 모양은 흑**가**로 하변을 공격하는 것에 의해 50집의 집으로 부푼다. 게다가 우하나 좌하에는 20집 이상의 집을 전망할 여지가 있어, 우상의 어지럽히기 정도로는 백이 좋다고 할 수 없다.

즉, **2도**와 같이 모양의 스케일을 크게 해 두면 흑의 우세가 계속되는 것이다. 모양과 모양의 대결에서는 우선 스케일로 상대를 상회할 것, 집 굳히기, 둘러싸기는 그 다음의 문제이다.

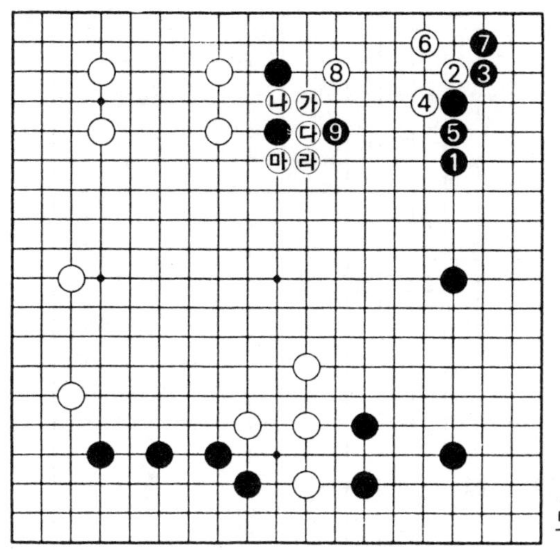

4 도

2도와 같은 스케일로 놓던가, 흑1로 조이기를 놓아 확정지로 놓던가, 기풍에 따라 나누어질지도 모른다. 이러한 것은 흑1도 상변이나 우변과의 균형이 이상적인 절호점이 되어 있기 때문이다.

또, 이 국면에서는 세 점의 효력이 작용하고 있으므로 좌상의 백 모양이 커져도 흑은 우변으로 충분히 대항할 수 있다.

백2에서부터는 어지러운 형. 흑9로 공격하여 상변의 흑 두 점을 강화하고 우변의 모양을 벌린다. 단 이 구도에서 격정되는 것은 **백가, 흑나, 백다, 흑라, 백마**의 절단에서의 싸움. 말하자면 흑은 폭탄을 안고 있는 것과 같으므로 편하게 리드하고 있다고는 할 수 없다.

1도의 스케일 작전은 이와 같은 위험을 피하여 간명하게 대국을 리드한다는 의미를 갖고 있다.

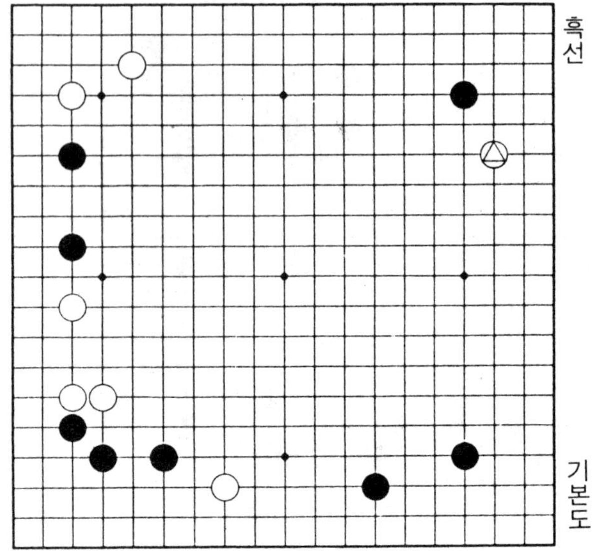

제 12 형

놓인 돌의 효력을 최대한으로 살리는 포석 작전

두 점 접바둑이다. 백△으로 걸쳤다.

좌변 전체는 돌수의 다소로 보아 흑이 열세. 흑은 우변에서 유리한 태세를 구축하지 않으면 전도다난이 된다.

접바둑이라고 해도, 2·3점은 핸디캡의 차가 접근해 있다. 흑의 작은 실수가 그대로 승부에 직결된다. 그런 만큼 초반에 놓인 돌의 효력을 최대한으로 살려 포석의 단계에서 우위를 구축할 필요가 있다.

우상은 흑이 유리한 곳. 전국적으로 우세해질 다음 한 수를 생각해 보자.

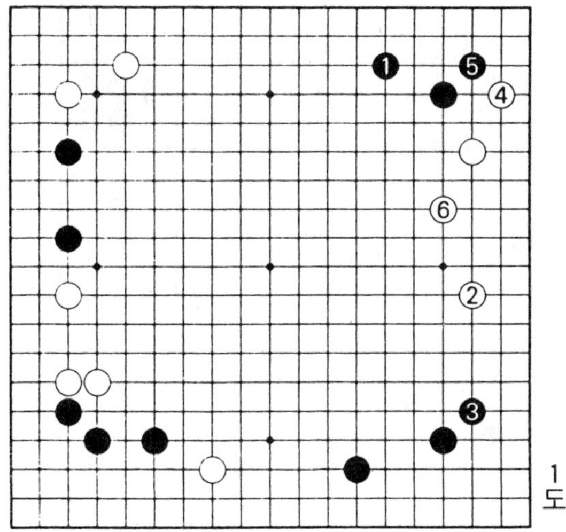

1도

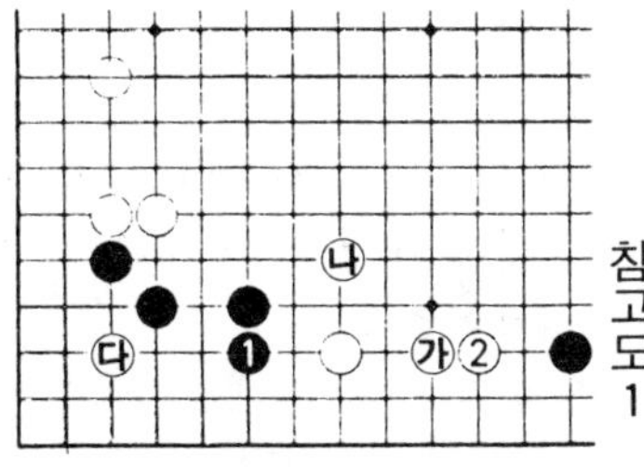

극히 평범한 착상으로 흑
1의 날일자를 생각할 수 있
다. 좌상 백의 조임이 낮기
때문에, 흑도 낮게 자세를
갖추어 고저의 밸런스를 취
한다. 귀를 지키는 것만으
로 충분할 것이다.

참고도 1

그러나, 전국의 포석은 우상귀만의 문제로 해결할 수 없다.
백2로 우변의 세력권으로 벌이고, 백6까지 흑의 집을 상하
로 분할하여 느긋한 바둑이다.

참고도1

하변의 백 한 점은 흑1이라면 백2로 수습한다. 또, 흑1
에서 **가**의 끼우기라면 백**나**. 귀의 3·3 **다**의 넣기가 유력
하다.

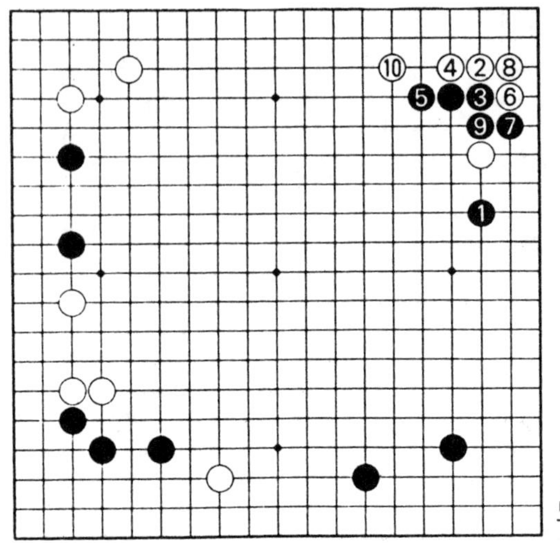

2도

다음 한 수는 흑1의 끼우기이다.

백 한 점으로 공격하면 우하의 조임을 살려 우변에 흑 모양을 만드는 겨냥이었다.

백2의 3·3 대체에는 흑3에서 백10까지의 정석을 선택한다. 이 갈림은 흑1의 끼우기가 좁아 흑이 다소 불리하지만, 흑의 목적은 우상만은 아니다. 우하의 세력과의 관련을 주체로 하고 있다.

참고도 2

극히 보통으로 놓을 수 있는 정석은 3·3 넣은 백을 봉쇄하는 흑1의 누르기이다.

백6으로 두꺼운 맛을 지우게 하는 정석은 흑에게 불리하다.

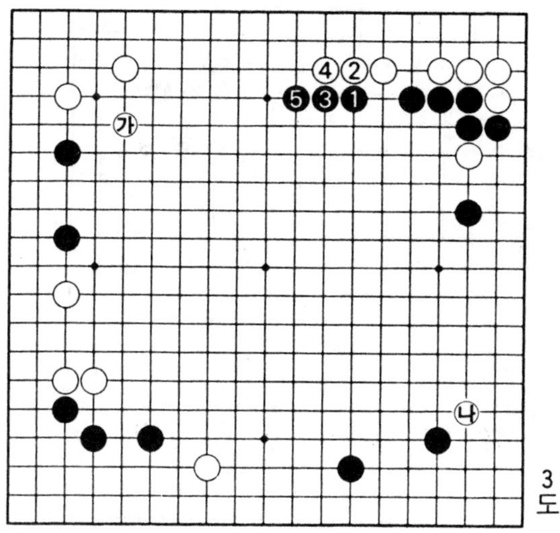

3 도

2도 뒤, 흑은 1로 걸쳐 상변의 백을 압박할 수가 있다. 백 2·4로 뻗어 백집은 증가하지만, 제3선의 집에 지나지 않는 다. 이 겨냥은 좌상의 백의 조임이 낮게 자리잡고 있는 것과 관련 있다. 즉, 흑**가**의 걸치기로 백의 위치가 낮아지고, 우상 의 백과 중복된다.

흑**5**까지의 두꺼운 맛은 우변의 모양에 역할하는 것만은 아니다. 좌변의 두 칸 벌리기에 성원을 보내고 있다.

우상의 변화는 백집을 상변에 한정하고, 우변의 세력권을 벌 이는 전국적인 구상에서 생긴다. 이 뒤, 흑**나**로 우하귀를 조이 면 우변은 계곡이 깊은 흑 모양이 되고, 백이 어지럽히기로 돌 면 하변이나 좌변의 백을 휘감아 흑이 주도권을 잡은 싸움이 된다.

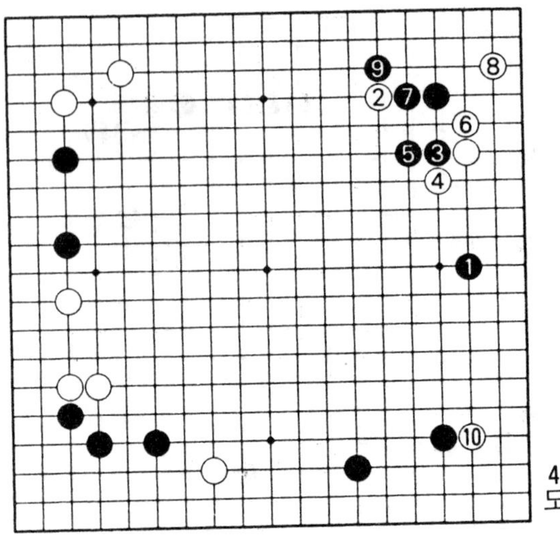

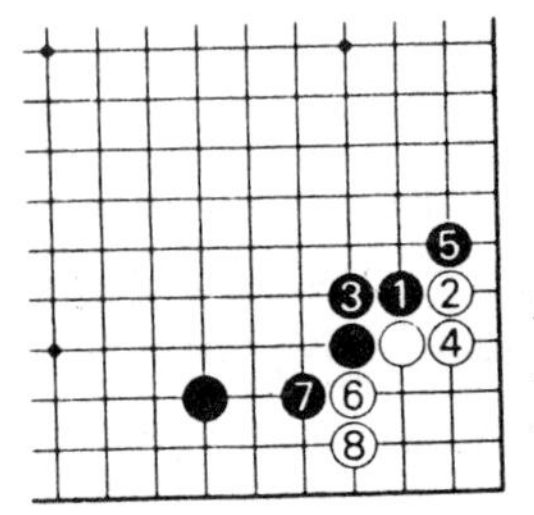

4 도

우변을 모양화하는 끼우기로써
흑1이 성립하면 3도보다 더욱
흑이 유리할 것이다.

그러나, 백은 2의 양걸치기로
변화한다. 흑3의 붙이기에서 백
8 까지, 흑의 당초 목적이었던 우
변으로의 세력이 상변으로 향해 있으므로, 흑이 좋지 않다.
그 위, 우상의 백이 강화되었기 때문에 우변의 흑1이 약체화
되어 있다. 흑 불리이다.

이 뒤 백10으로 붙여 우하를 어지럽히게 될 것이다. 이 일
반적인 변화는 참고도3, 흑1에서 백8 까지가 된다. 흑이 주
전장으로 하려던 우변의 모양은 이로써 형편없이 약해져 버
린다.

제 3 장

무궁류(武宮流) 접바둑 필승 대작전

이 장의 포인트

나는 8세 때, 아마츄어 5단의 아버지에게 바둑을 배웠다. 1일 1국, 4개월 정도로 아홉점을 졸업, 1년 반만에 다섯 점 바둑을 놓았다. 본격적인 수업에 들어간 것은 11세 때, 계기가 되었던 것은 9세 때 田中三七一 선생(6단)과의 만남이다. 田中 선생님과는 다섯 점에서 정선(定先)까지, 4년 동안 90국을 놓았다.

승급의 페이스는 1년 한 점 정도였지만, 그 중 네 점 접바둑의 졸업이 1년 반 걸렸다. 네 점을 뛰어 넘기가 어려웠던 것이다. 그 네 점 접바둑도 전반은 계속 졌다.

나의 바둑은 놓인 돌의 세력을 살린 싸움이다. 이것은 부분적으로는 호각의 힘이 필요함으로, 초기는 역부족으로 연패를 계속했다. 그러나, 놓인 돌을 맞바둑의 바둑과 같이 살리는 것이 나중의 성장에 도움이 되었다고 생각한다. 얼마간 힘이 붙어, 네 점에서 이길 수 있게 되고, 세 점에서는 11승 4패, 5개월만에 두 점으로 전진했다.

이 장의 제재는 당시의 실패예를 많이 나타내고 있다. 그러나, 그 실패도 현재의 무궁류(武宮流)의 기본이라고 생각하자. 제1형은 프로와의 첫 대국, 竹中幸太郎 선생(4단)과의 다섯 점 접바둑이다. 이 외는 田中 선생과의 대국, 최후로 내가 9단이 된 다음 네 점 놓은 접바둑을 재료로 했다. 상대는 仁倉髜 4단(백)이다. 놓인 돌을 집 취하기의 핸디캡으로써가 아닌, 세력으로써 살리면 확실한 실력 향상과 연결되고, 또 더욱 이기기 쉬운 바둑이 된다는 것을 이해하기 바란다.

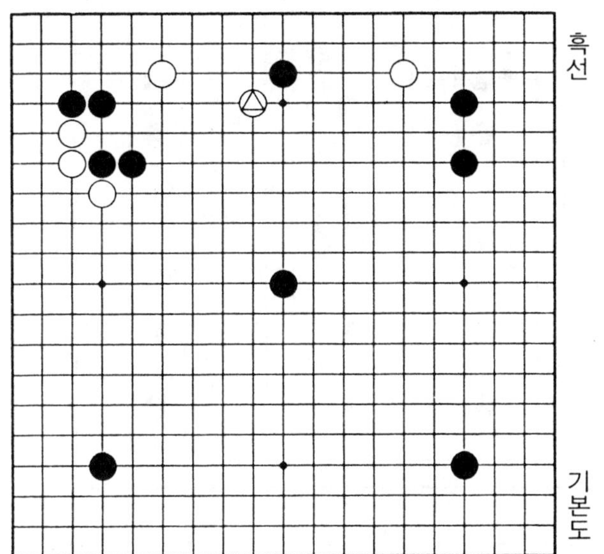

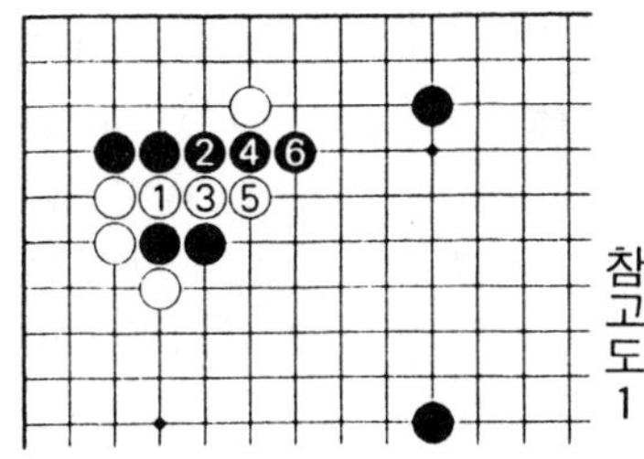

제 1 형 귀의 세력을 변의 싸움으로 작용시킨 최강의 저항

상변에 백△으로 쫓아갔다. 백의 겨냥은 좌상귀. 즉, 참고도 1 의 백 1 이다. 아직,
백 1 의 내기는 흑 2 에서 6 까지로 풀어 상변이 완전히 흑집이 되기 때문에 사전 공작으로써 상변의 싸움을 걸고 있다.
말하자면, 왼쪽을 치기 위해 오른쪽을 놓는다는 '적은 본능사(本能寺)' 라는 작전.
상변을 받기 위해서는 힘이 필요하다. 최강수를 생각해 보자.

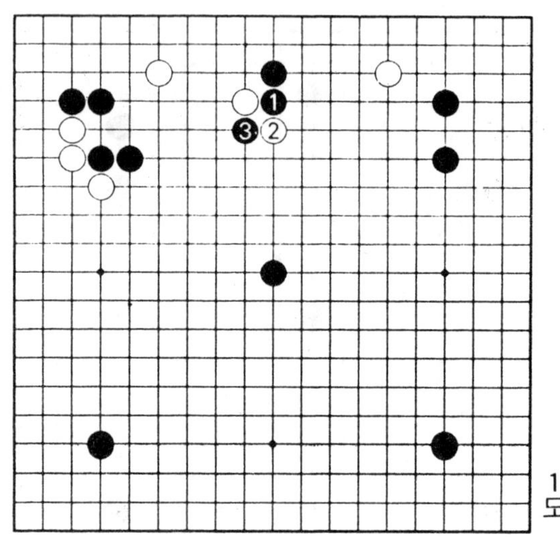

1
도

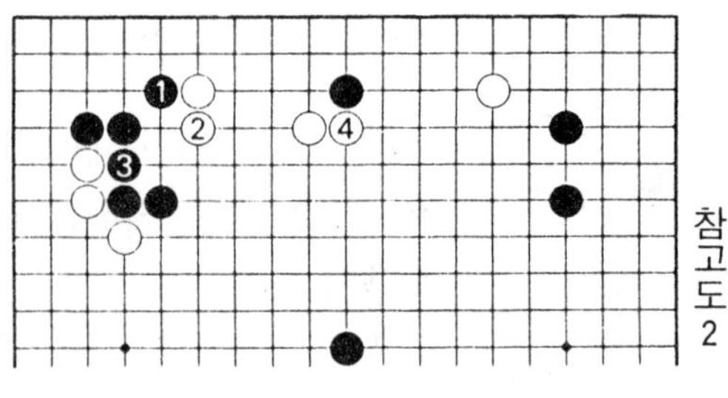

참고도 2

1도

상변은 백의 돌이 많지만, 좌상, 우상에는 흑의 세력이 준비하고 있기 때문에 흑은 강하게 싸울 수가 있다. 귀의 세력을 작용시켜 최강으로 싸우는 것이 무궁류 접바둑 필승법의 기본이다.

흑1로 누르고, 3의 끊기가 최강. 그러나 강한 수에는 위험이 동반되므로 뒤 읽기가 필요하다.

참고도 2

좌상의 흑이 겨냥되어 있기 때문에 흑1·3으로 준비하면 무사.

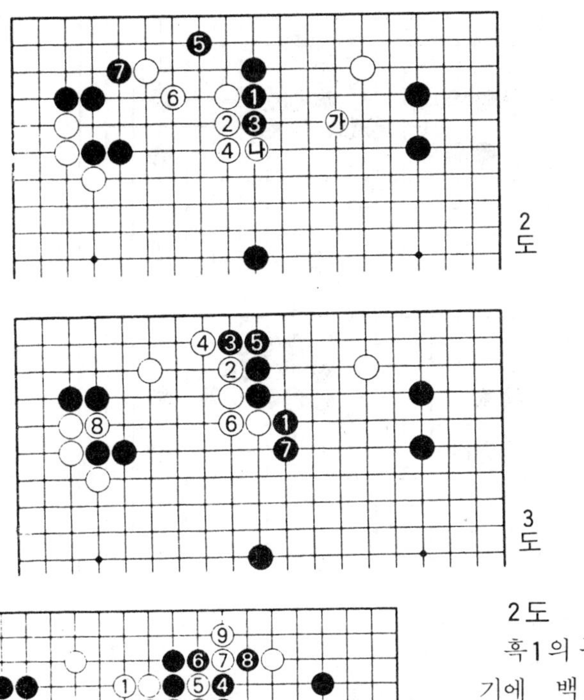

2 도

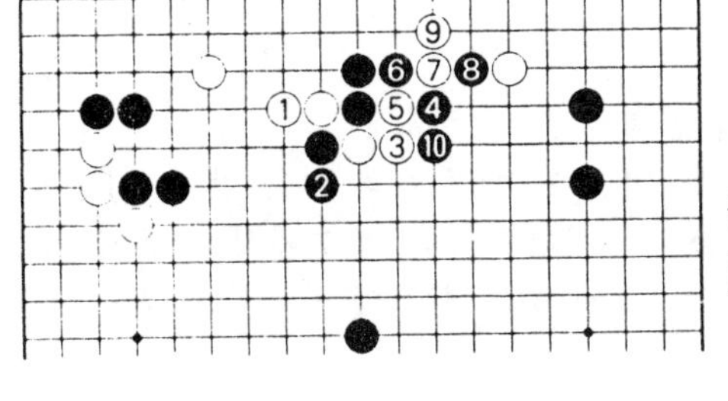

참고도 3

2 도

흑 1 의 누르기에 백 2 로 받으면 흑 3·5 로 상변을 굳히고, 흑 7 로 지킨다.

3 도

1 도, 흑 3 에서 1 에서 7 로 상변을 굳히는 것은 백 8 이 구체화되어 흑이 좋지 않다.

참고도 3

1 도 뒤, 백 1 로 저항하는 것은 흑 2 로 백 실패이다. 백 3 이라면 흑 4 에서 10. 흑을 봉쇄할 수 없으면 백이 불리.

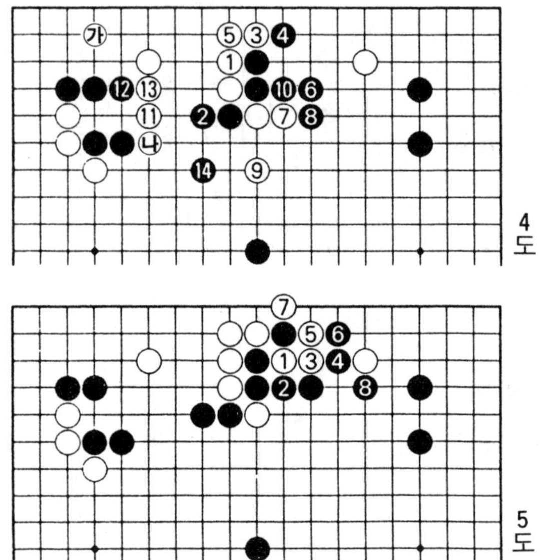

4 도

혹의 강수에 백은 1 로 눌러 싸우는 수밖에 없다. 혹은 2 로 뻗어 상변의 백을 봉쇄한 형이 된다.

백은 3·5 로 근거를 만들어 밖의 혹의 얇은 맛을 겨냥한다. 혹 6 의 받기가 좋은 수이다. 이 뒤 백 7 에서 싸움이 중앙으로 확대해 가면 다섯 점 핸디캡이 있어 혹의 우위가 분명해진다.

혹 14 로 뛰어 백은 우상, 중앙, 좌변의 세 개가 약한 돌. 이어서 백 가 라면 혹 나 로 낙승이다.

5 도

전도, 백 7 에서 1 로 끊어 상변을 수습하려고 하였다. 혹은 2 의 잇기에서 상변의 한 점을 버림돌로 했다. 혹 8 까지 밖의 형이 정비되고, 중앙이 큰 모양이 되고, 우상귀 집도 확정.

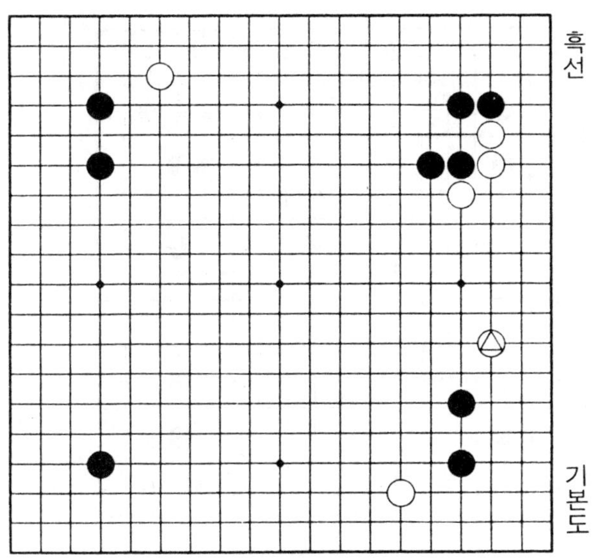

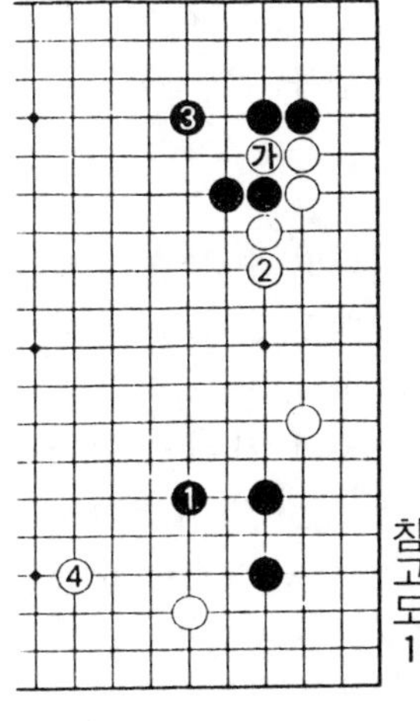

제 2 형

선제 공격은 상수 분쇄의 첩경

나의 네 점 접바둑이다. 백△에 걸쳐 우하의 흑에 겨냥하고 있다.

참고도1 흑1로 받으면 백2로 지키고, 백가에 준비, 흑3이라면 백4라는 것이 백의 당면 작전이다.

이것은 흑의 찬스, 백의 작전을 뒤집는 강력한 다음 한 수를 생각해 보자.

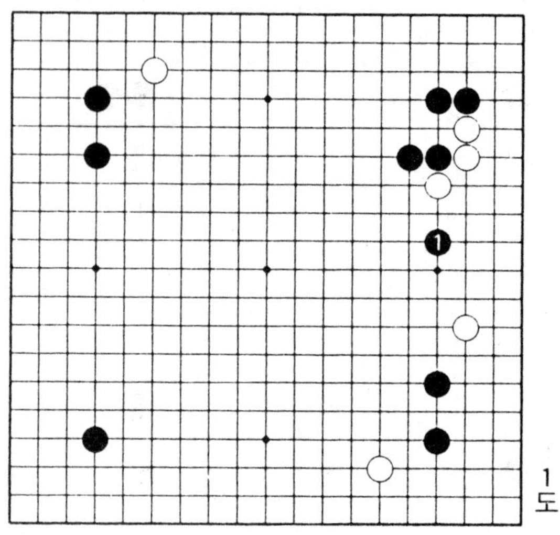

1도

1도

접바둑에서는 놓인 돌의 세력을 작용시킨 선제 공격이 상수 분쇄의 첩경이다. 이것은 흑1의 넣기가 백을 상하로 2분하는 강력한 수이다.

참고도 2

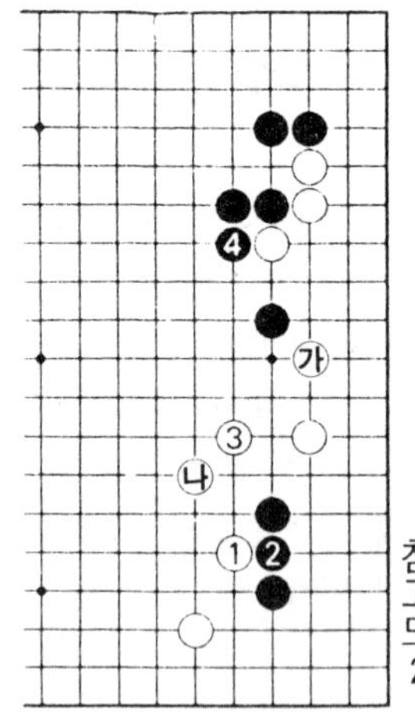

참고도 2

흑의 수에 걸리면 주도권을 빼앗기게 되므로 백1·3으로 우하를 공격했다고 하자. 흑은 4로 중앙을 누르고, 다음에 가의 큰 취하기를 보고 있다. 우하의 흑은 백에 취해질 염려는 없다. 오히려 흑나의 반격을 남긴 강한 돌이므로 백이 놓을 수 없을 것이다.

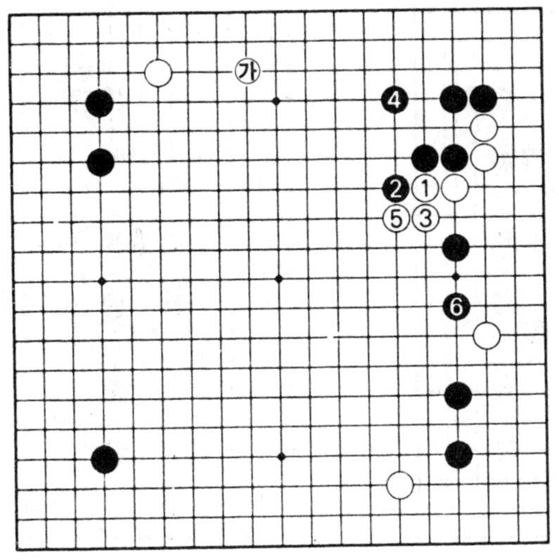

2도

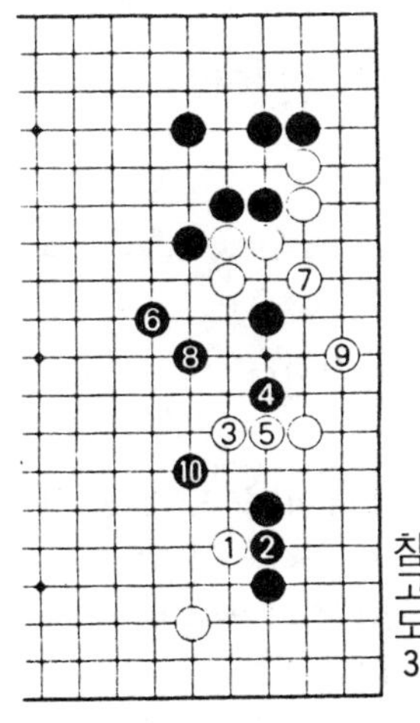

참고도 3

1도 뒤, 백 1로 중앙에 내어갈 수밖에 없다. 흑 2의 젖히기에 백 3의 굴복은 괴로운 받기. 여기에서 흑 4로 우상을 굳혀 공격 목적을 반쯤 달성하고 있다. 이 뒤 흑 가가 절호점. 게다가 우변의 흑은 백 5라면 6으로 더욱 공격을 계속할 수가 있어 백의 고전이 계속.

참고도 3

2도, 백 5에서 백 1·3으로 우하에서부터 싸움을 거는 것은 흑 6이 호점. 백 9까지로 굴복시켜 중앙에 두꺼운 맛을 만들고, 흑 10의 반격으로 백 실패.

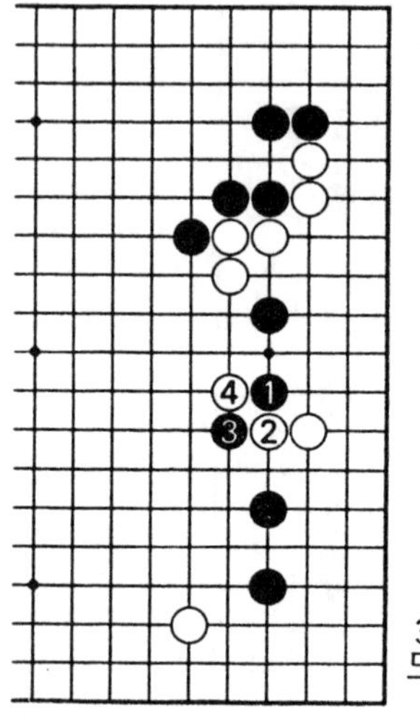

3도

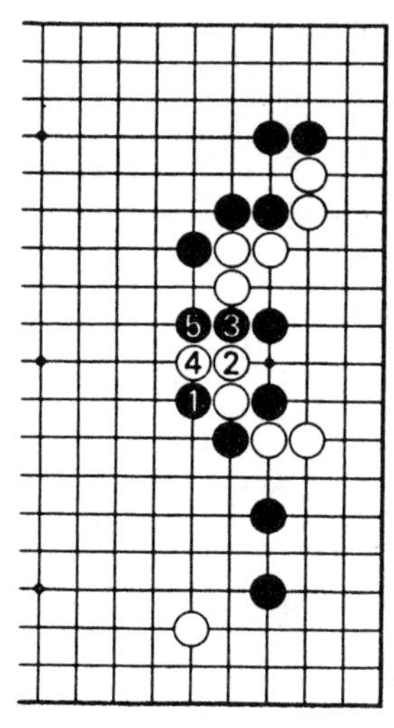

4도

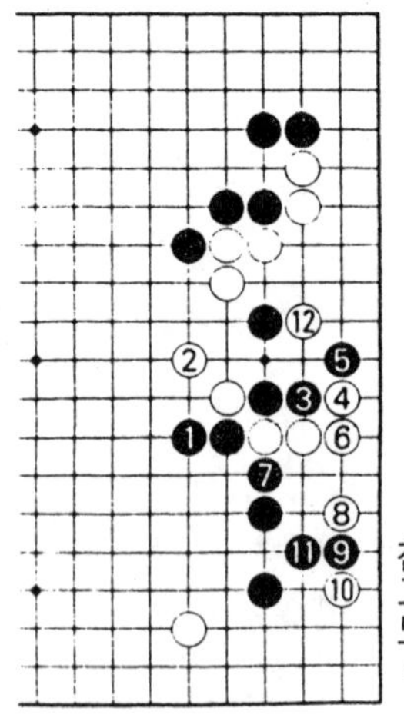

참고도 4

3도

2도, 흑4에서 흑1로 공격을 서두르는 것은 다소 어려운 바둑이 된다. 백2·4의 저항 뒤를 읽어두어야 한다.

4도

전도 뒤, 흑1·3이 상하를 분단하는 맥이다. 이것이라면 흑의 유리한 싸움이 계속된다.

참고도

4도, 흑1에서 1로 뻗기는 실패이다. 백2로 봉쇄되고, 흑3 이하의 저항도 백12까지 우변을 완전히 취해져 버린다.

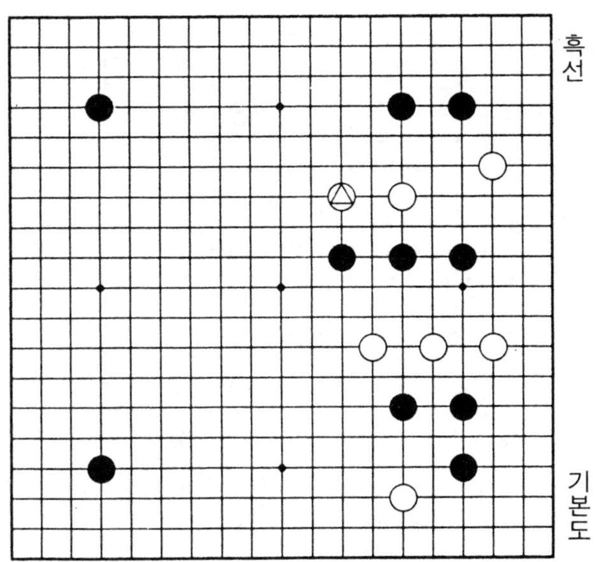

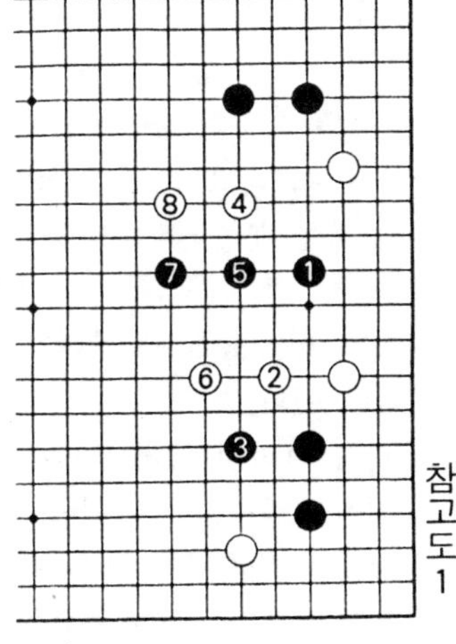

제 3 형

중앙선 분단이 최강의 공격

나의 네 점 접바둑. 백△에 놓은 때. 우변의 형은 참고도 1 의 수순으로 되어간다. 흑의 세력을 작용시키기 때문에 백을 상하로 분할하여 격렬한 싸움을 맞고 있다.

다음 한 수는 어디일까?

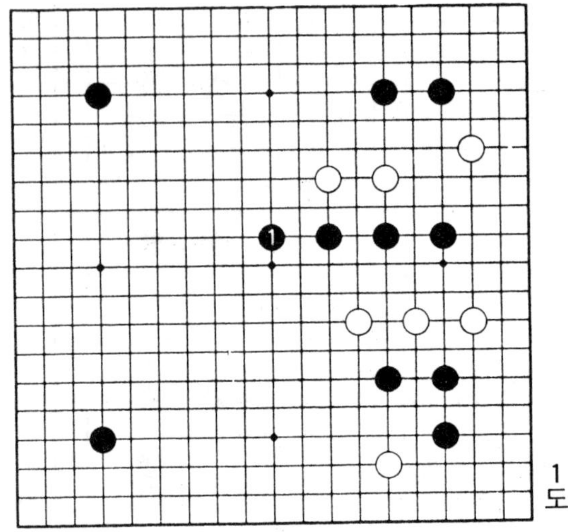

1도

우변의 싸움을 큰 눈으로 보기 바란다. 우상, 우하의 흑은 귀에 근거를 가지고 있어 수습하기 쉬운 돌이다. 흑에 있어서 걱정이 되는 것은 중앙의 세 점뿐.

한편, 백쪽은 약한 돌이다. 백의 겨냥은 중앙의 흑을 공격하여 약한 돌을 강화하려는 것일 것이다. 그리고, 흑이 가장 알기 쉽게 유리하게 싸움을 진전할 수 있는 것은 중앙의 강화, 흑1의 뛰기이다.

'중앙선을 끊는다' 라는 바둑 용어가 있다. 흑1은 상하의 백을 분단하여 중앙선을 끊는 형이 되어 있다.

흑1은 단지 도망치는 수, 직접 백에 공격하지 않는 완착처럼 보이지만, 실은 백을 확실히 3분하려는 큰 공격을 한다. 매우 강력한 공격이다. 위험한 접촉전으로 가져가지 않고 대국을 제지하는 것이 무궁류 접바둑 필승 작전의 한 방법이다.

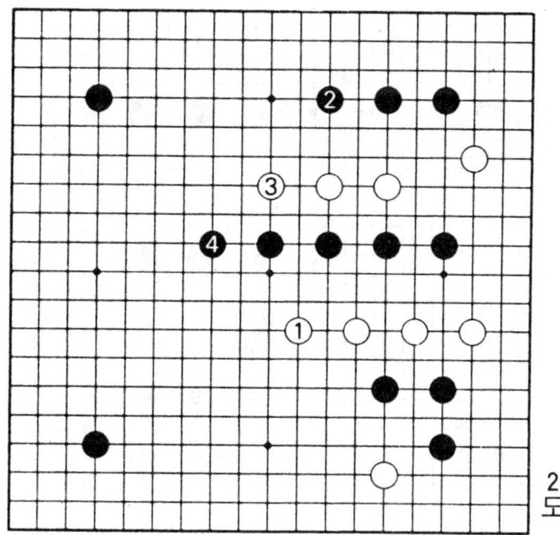

2도

1도 뒤, 백1은 수비의 급소. 흑은 2로 상변의 집을 굳히고, 백3, 흑4로 더욱 중앙을 준비한다. 도망치는 돌은 백이 두 개, 흑은 한 개. 어디까지나 흑이 편한 싸움이 된다.

참고도 2

2도, 백1로 상변을 놓았다고 하자. 우상귀의 흑이 잡힐 걱정은 없다.

흑2로 우변으로 공격을 시작한다. 백3에는 흑4로 하변을 휘감는다. 백은 우하를 희생시켜 5로 지키는데, 흑6의 전과로 흑 충분.

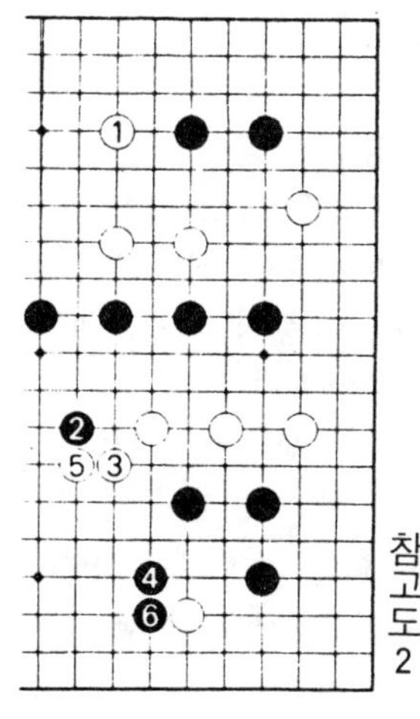

참고도 2

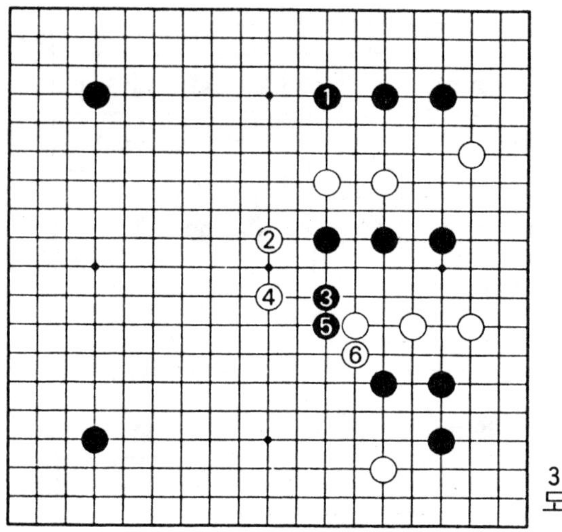

3 도

이것은 내가 실전에서 놓았던 형이다.

흑1로 상변을 지켰다. 공격하면서 집을 넓힌다는 의미로, 백과 흑의 힘이 백중하면 유력하다.

백2는 '침략을 멈추는' 수. 흑에 중앙선을 끊기지 않는 수이다. 이 때문에 흑은 3으로 뛰어서 싸움은 다소 엉킨 느낌이다. 흑은 상변을 1로 번 만큼 중앙의 싸움이 어려워져 편안히 우세해지지 않는다. 게다가, 백2·4로 중앙에 만든 백의 세력은 상변의 흑1에 상당하는 백의 포인트이다.

백6으로 뻗어 약간 복잡. 아직 네 점의 핸디캡이 있어 흑이 우세하지만, 중앙을 버리면서 우하의 백을 공격하는 것은 어려울 것이다. 2도와 같이 중앙선을 끊고 편하게 싸움을 전진해 가는 것에 비하면, 전국적인 작전으로써는 약간 떨어진다.

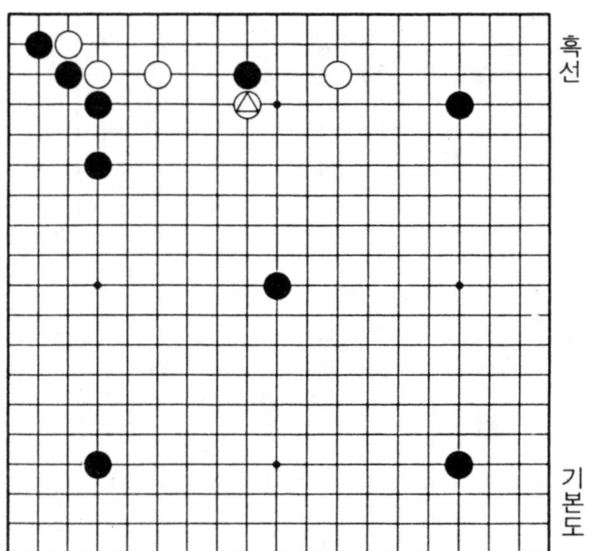

기본도

흑선

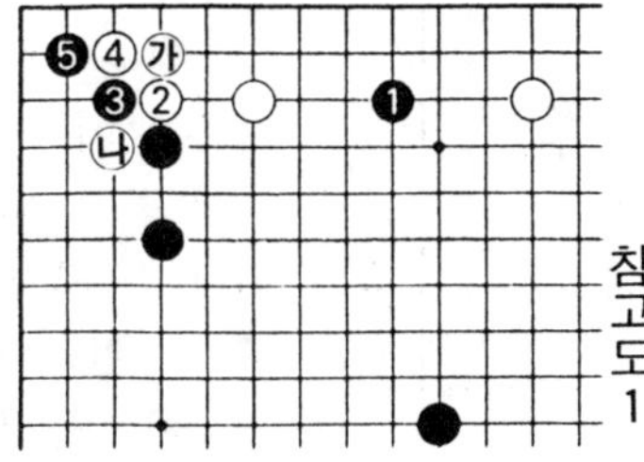

참고도 1

제 4 형 돌을 칠 때는 왼쪽에서부터 놓아라

소년 시대의 다섯 점 접바둑이다. 백△에 붙여갔다. 상변의 수순은 참고도 1, 흑1의 넣기에서부터 되어 있다.

백2·4는 풀기의 맥으로, 가의 잇기와 나의 끊기를 노리고 있다.

기본도 △은 흑의 받는 방법을 보아 좌상귀와 관련시킨 겨냥이다.

다음 한 수가 촛점. 안타깝게도 나의 놓기는 방향이 잘못되었다. 당신은?

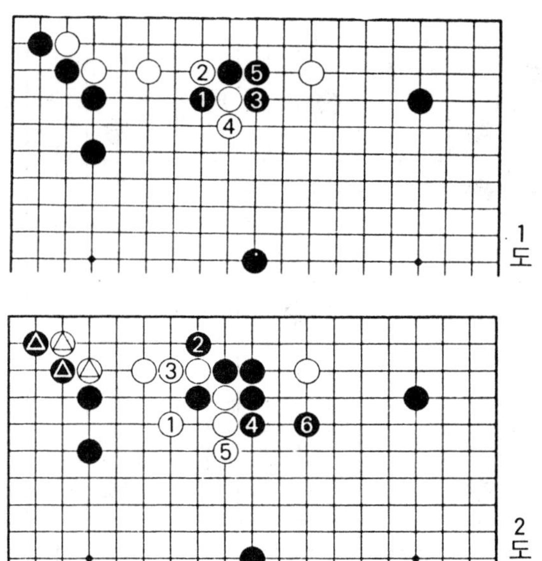

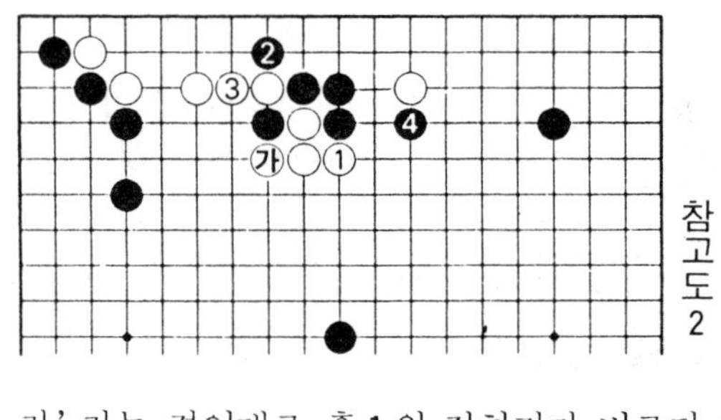

1도

흑의 공격 대상은 풀어 가는 돌쪽인 백이다. '돌을 칠 때는 왼쪽에서부터 놓아라'라는 격언대로, 흑1의 젖히기가 바르다. 백2에는 흑3·5.

2도

백1이라면 흑2·4를 살리고 6으로 공격하는 편한 포석이다. △과 ▲의 교환은 흑을 굳히는 악수.

참고도 2

2도, 백1의 변화이다. 백1에는 흑2·4로 흑이 편한 싸움.

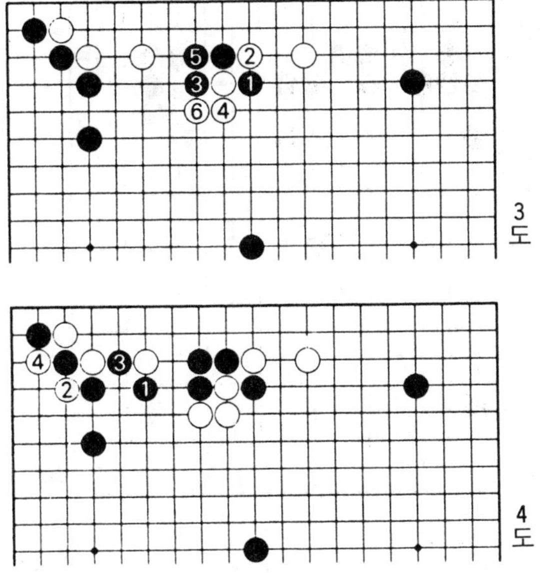

3
도

4
도

3도

내가 놓은 것은 흑1의 젖히기였다. 이것은 방향이 틀리다. 백2에서 6으로 공격당하고, 흑의 돌이 백이 강한 좌상으로 추격당하고 있다.

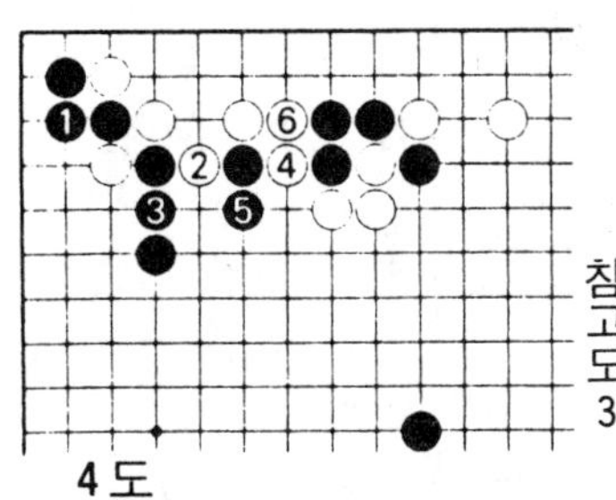

참
고
도
3

4도

전도 뒤, 흑1의 붙여 버티기를 기할 수밖에 없다. 백2의 끊기가 좋은 타이밍. 흑은 3으로 단수하여 귀를 버림.

참고도 3

4도, 흑3에서 흑1로 이어 버티는 것은 백2의 단수에서부터 4·6으로 상변의 세 점이 취해져 안된다.

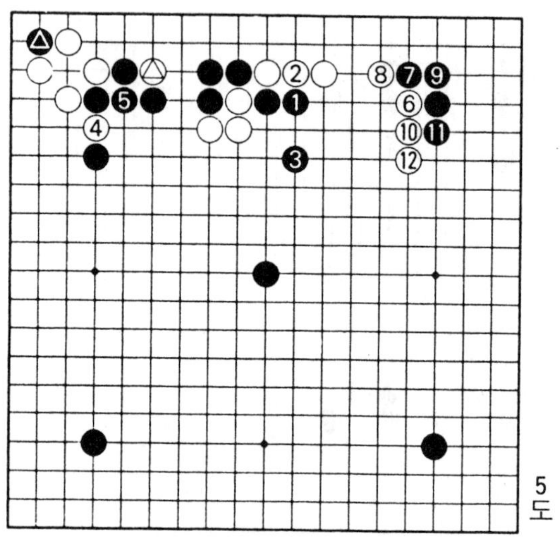

5
도

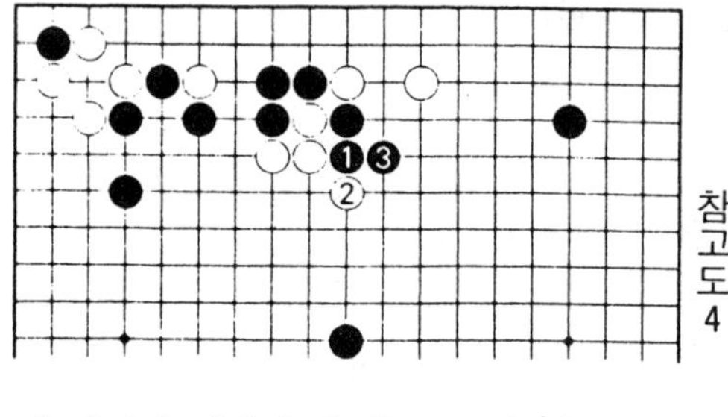

참
고
도
4

5 도

좌상은 흑이 곤란한 형이다. ⓐ 한 점이 울고 있다. 한편, 백은 ⓐ의 한 점에 아직 명맥이 있어 놓은 돌 모두가 풀가동하고 있다.

4 도 뒤, 흑1·3으로 중앙을 움직였다. 좌상의 손해를 상변으로 돌리려 하였으나 백6에서부터 중앙 흑 세 점을 크게 겨냥당해 바둑은 복잡화, 혼전이 되었다.

참고도 4

5 도 흑1은 1·3이 바르다. 백은 상변을 지키는 모양이 없기 때문에, 흑은 아직 편히 싸울 수 있을 것이다.

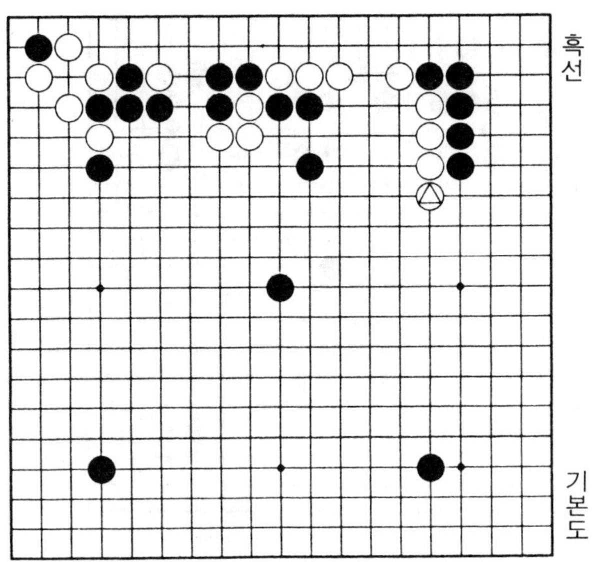

제 5 형
백의 겨냥을 단단한
수비로 방어

다섯 점 접바둑이다. 전형 뒤의 형이다.

백은 상변의 흑 세 점에 겨냥을 둔 ◎으로 뛰고 있다. 여기에서도 내가 놓은 수는 완전히 방향이 틀렸다.

급소는 어디일까?

참고도 1

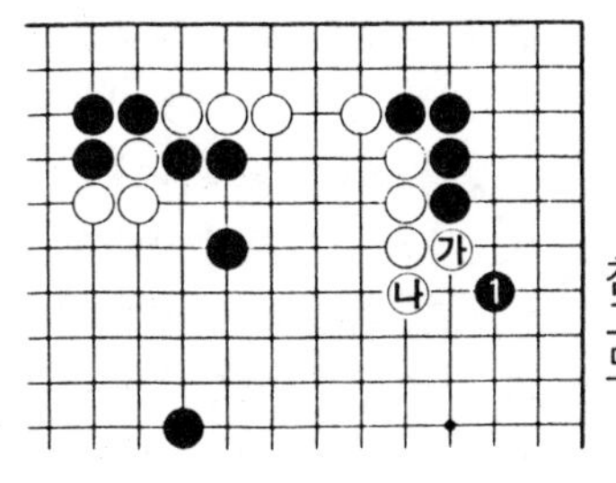

우상의 흑 1 이 묘수. 흑가, 백나를 살린 기본도는 상변을 강하게 하는 악수이다.

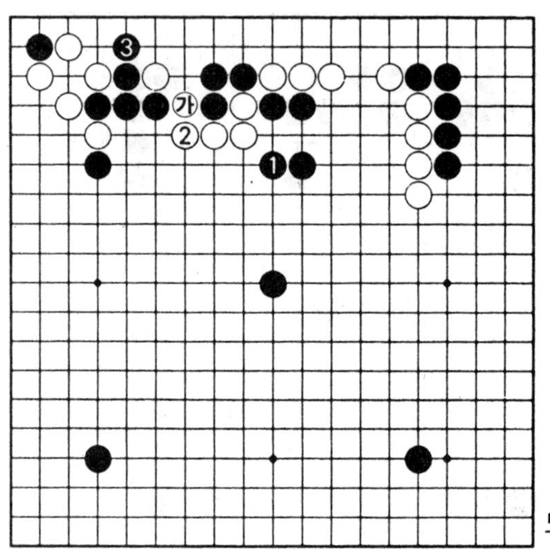

1도

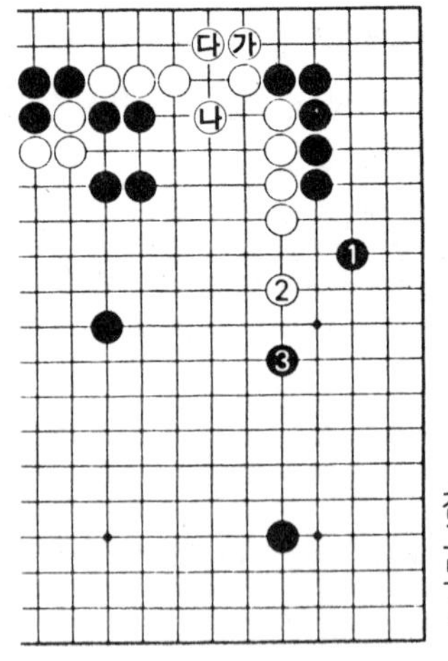

1도

상수 분쇄를 위해서는 상수의 겨냥을 깨고 약점을 지켜야 한다. 이 국면에서는 우상의 백이 강화되어 있으므로 상변의 흑이 약해져 있다. 즉, 흑1의 수비가 싸움의 급소였다. 백2라면 흑3으로 가의 결함을 지켜 상변의 백 네 점을 크게 공격한다.

참고도 2

중앙의 흑이 강화되면 흑 1·3이 강력하다. 다음에 흑가, 백나, 흑다가 강력.

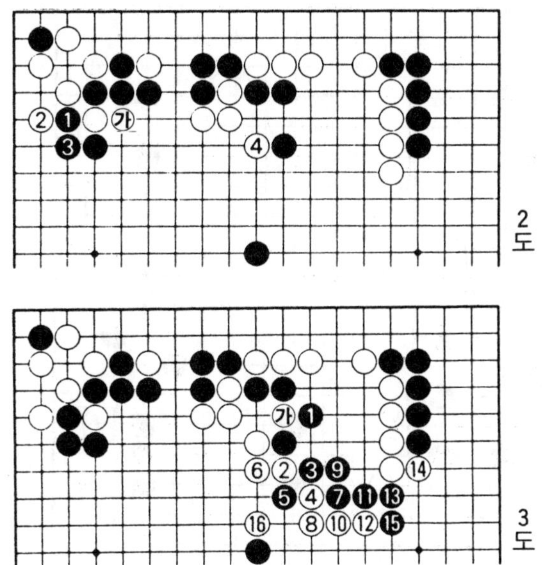

2도

내가 놓은 수는 흑1·3이었다. 백**가**의 내기를 막으면서 상변의 백 세 점을 완전히 취하려는 것이다. 그러나, 백4의 마늘모 붙이기로 백을 공격할 수 있기는커녕, 흑 세 점쪽이 약해져 있다. 백4는 형의 급소인 만큼 상변 전체의 싸움의 급소였다.

3도

전도 뒤, 백**가**로 흑 두 점이 잡히면 안된다.

흑1의 방어는 절대. 백은 2·4로 우상의 두꺼운 맛을 작용시켜 공격한다.

흑5의 끊기에서 7·9로 도망쳐 내는 것은 괴로운 형이다. 상변의 백이 자연히 강화되고, 흑에는 공격의 즐거움이 없다. 백16까지 우상의 흑집도 작아져 흑에 이길 길이 없다.

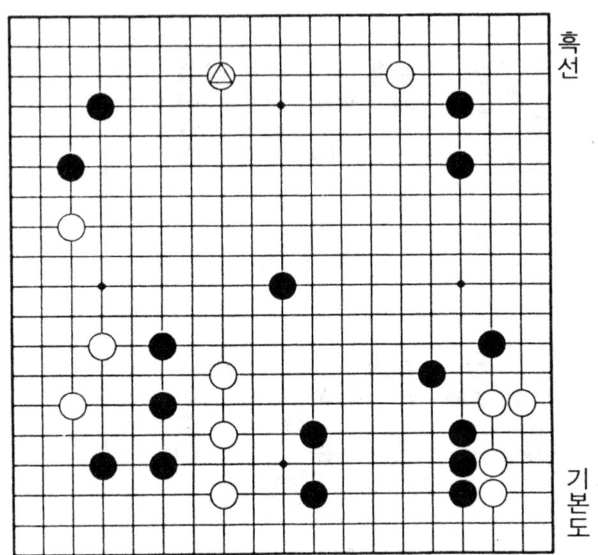

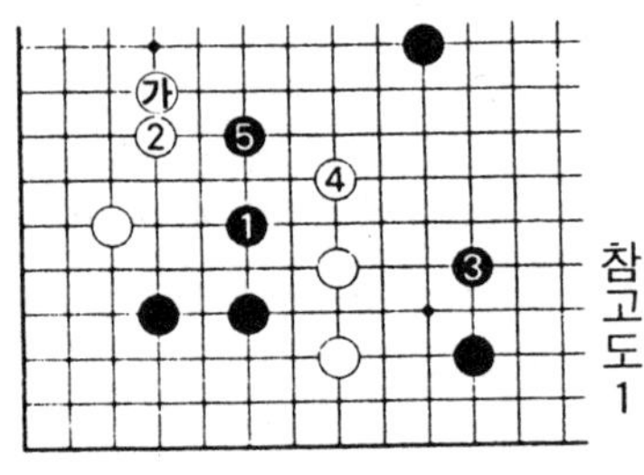

제 6 형　공격은 칼날이 양쪽에 달려있는 검, 자신을 다치지 않도록

소년 시대의 나의 바둑은 상당히 공격적 공격을 하면 기분이 좋았다. 때로는 짐작이 틀린 공격으로 실패하는 경우도 있었다.

그럼 어디가 다음 한 수일까?

참고도 1

좌하의 형이 생긴 수순이다. 흑1 의 뛰기는 가쪽에서부터 놓은 때. 백 2 로 지켜져 백을 편하게 해서는 프로라고 할 수 없다.

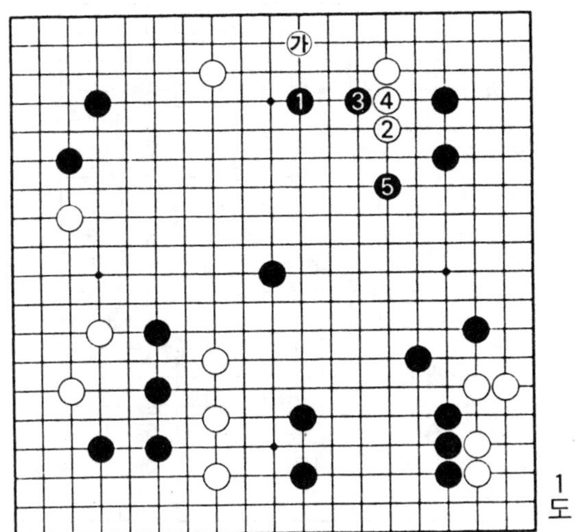

1도

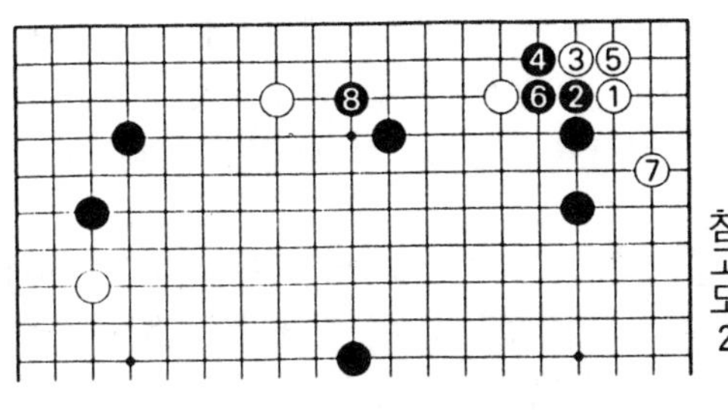

참고도 2

1도

공격 목표는 상변. 흑 1 의 넘기가 바르다. 백가로 상변을 건너는 것은 상당하다.

백 2 로 우상을 도망쳐 내면 흑 3·5 로 공격하여 우변에서부터 중앙에 걸친 흑 모양이 벌어진다.

참고도 2

흑의 공격을 바꾸어 백 1 로 3·3 으로 대체했다고 하자.

흑 2 에서 6 으로 우상을 강하게 두꺼운 맛으로 하여 8 로 지키면, 상변은 곧 큰 모양이다. 게다가, 상변의 백 한 점은 완전히 고립되어 있기 때문에 흑 낙승이다.

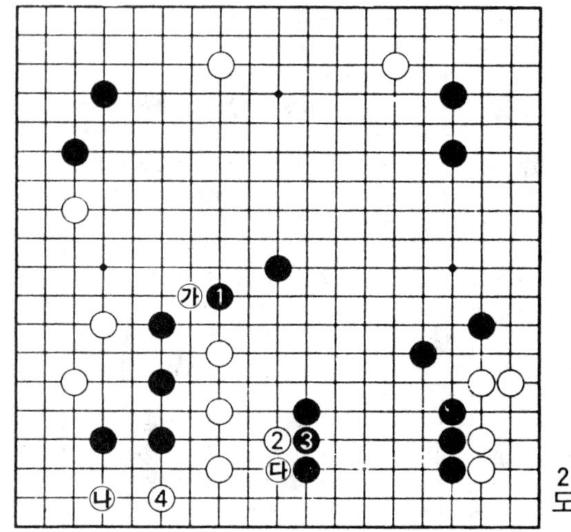

2도

공격을 좋아하는 나는 목표를 하변의 백 세 점으로 했다. 실전에서 놓은 것은 흑1의 칼끝이다. 흑1은 중앙의 놓인 돌과도 관련되어 백의 중앙 탈출을 정지시키고 있기 때문에 보기에는 상당히 기분이 좋다.

그러나, 흑1로 공격해도, 물론 백을 취할 수는 없다. 게다가 백2·4로 하변에 근거를 만들게 하면 좌하의 흑이 얇아져, 백가의 붙이기 등의 절단을 겨냥당한다.

참고도1에서 나타난 하변의 싸움의 불만은 흑1의 공격이 거의 도움이 되지 않기 때문일 것이다.

공격은 날이 양쪽에 있는 칼이라고도 한다. 공격하고 있는 쪽도 찔릴 위험이 있다는 의미이다. 백4의 뒤, 흑나라면 백다로 백은 편안히 산다. 만일 흑1을 놓지 않으면 하변의 세 점은 뜬 돌인 채이므로, 중앙이나 하변의 놓기가 제한되어 흑이 편한 국면이 계속된다.

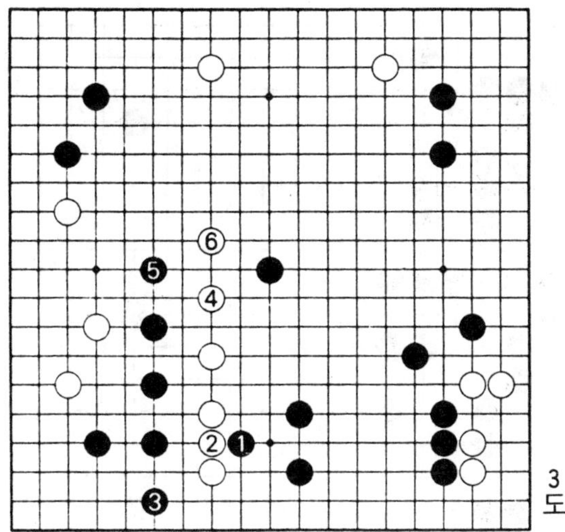

3도

하변의 백 세 점을 공격하는 놓기가 없다는 것은 아니다.

흑 1 의 빼기를 살려 3 으로 뛰는 것은 백의 근거를 빼앗는 느긋한 공격이다. 더우기 공격하면서 좌하의 흑집을 굳힌다는 의미에서 손해없는 놓기.

근거를 빼앗긴 백은 중앙으로 도망쳐 낸다. 즉, 백 4·6 으로 뛰어 낸다.

이 결과는 백이 뜬 돌이 되어 있지만, 섣불리 굴면 백 4·6 의 뛰기가 중앙의 세력으로 바뀌어 반대로, 중앙의 놓인 돌이 약해질 우려가 있다. 즉, 좌하에서 집을 벌어도, 중앙에 백을 쫓아낸 뒤의 흑의 놓기가 난해하다는 것이다.

따라서 기본도의 국면에서 흑의 확실한 공격은 상변의 얇은 백이다. 하변의 백은 중앙의 상황을 본 다음, 공격 대상으로 삼는 것이 무난하다.

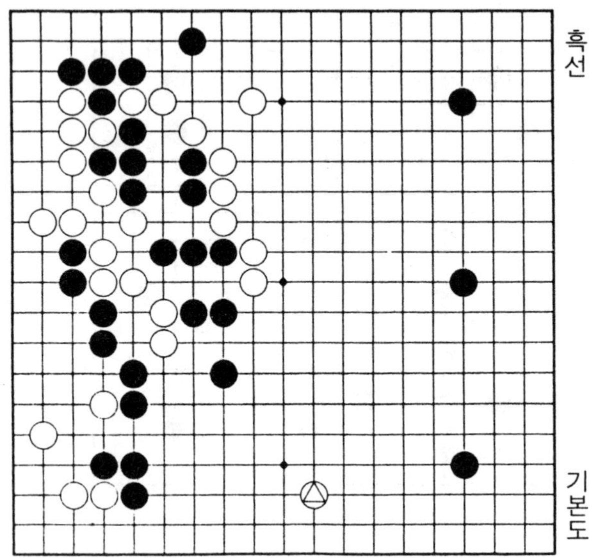

제 7 형
공격 방향은 자기 편의 강약으로 정한다

세 점 접바둑이다. 좌상에서 대사백변의 어려운 정석을 놓았으나, 상변에 백의 두꺼운 맛을 만들게 하여 흑의 실패이다.

대형 정석을 포석의 최초에 놓는 것은 접바둑의 포석 작전으로써는 매우 유력하다. 30수, 40수라는 긴 수수가 호각의 정석이 되면 그만큼 바둑이 좁아져 간명화되기 때문이다. 그러나, 정석이 대형이면 대형일수록 변화가 많아 명확하게 응접하기가 어려워진다.

백은 우변의 흑의 세력, 좌하의 두꺼운 맛을 없애기 위하여 △에 갈라넣었다. 여기에서 흑의 구상이 문제이다.

당시 내가 놓은 수는, 아뭏든 공격하고 싶다는 생각으로 공격의 방향을 틀려, 심한 곤란을 당했다.

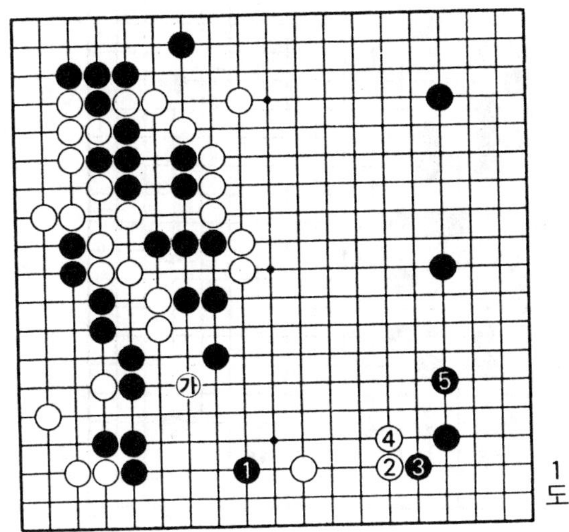

1도

하변의 백 한 점을 공격하기 위해서는 좌변의 흑이 강하냐, 약하냐를 생각해 두어야 한다.

돌 수는 많지만, 좌상에서 중앙에 걸친 흑은 눈모양이 없음, 게다가 백**가**로 분단당하여 위험하다. 그 얇은 방향으로 백을 쫓아 넣는다고 좋을 것은 없다.

흑의 다음 한 수는 1이 바르다. 좌변이 약하고, 우변이 강하다는 판단으로 백을 오른쪽으로 몰아간다. 흑1의 벌리기로 백**가**의 겨냥이 완화되어 있다.

백2의 벌리기에 흑3·5로 받고, 앞으로 나아가는 바둑이다. 여기까지, 흑은 백에게 되돌려 놓여져 있고, 확정된 백집은 그다지 많지 않다. 중앙의 백의 두꺼운 맛과 우변의 흑의 세력과는 흑쪽이 아직 우세하다. 더욱 하변의 백으로의 공격이 남아 있으므로 세 점의 효력은 건재하다고 해도 좋을 것이다.

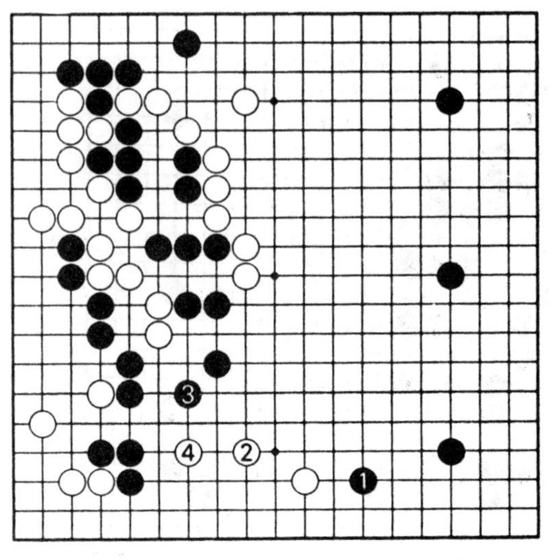

2 도

내가 놓은 흑 1 의 메꾸기. 우하를 강화하고, 백을 좌변의 흑의 두꺼운 맛으로 추격 공격하려는 것이다. 그러나 백 2·4 로 준비, 좌변에 이어져 있는 흑의 큰 돌이 얇아져 있다. 흑의 공격은 긁어 부스럼의 결과이다.

참고도 1

좌변의 흑에는 백 1 로 빼어 절단하는 겨냥이 남아 있다. 흑 2 에서 가는 백나. 좌변의 흑이 약해서는 하변의 백을 공격할 수 없다.

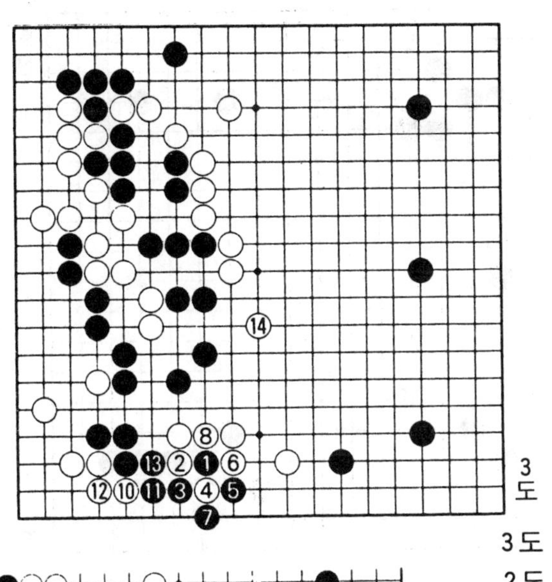

3 도

2 도 뒤, 흑은 좌변의 버티기로 돌지 않으면 안된다. 흑 1 은 백을 공격하면서 하변

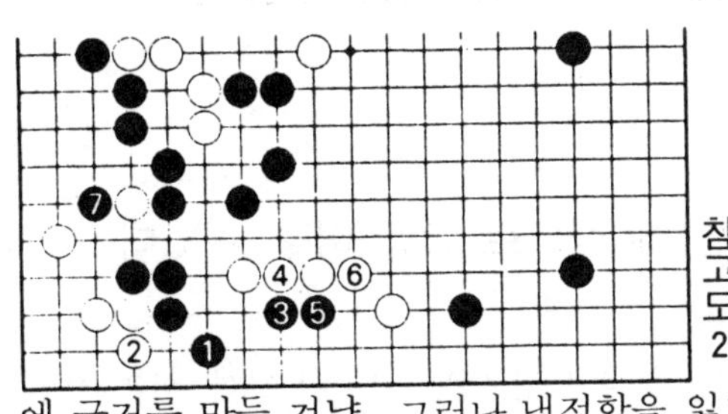

참고도 2

에 근거를 만들 겨냥. 그러나 냉정함을 잃고 있다.

백 2 에서 8 로 굳혀져, 이것도 흑의 실패이다. 흑 13 뒤, 백은 선수를 잡아 백 14 로 흑을 공격한다. 흑이 용이하지 않은 국면일 것이다.

참고도 2

3 도, 흑 1 에서는 1 의 마늘모 붙이기를 살린 다음 흑 3 이 바르다. 이것이라면 흑 7 까지 좌변을 빼어 백으로의 공격으로 금후를 기대할 수가 있다.

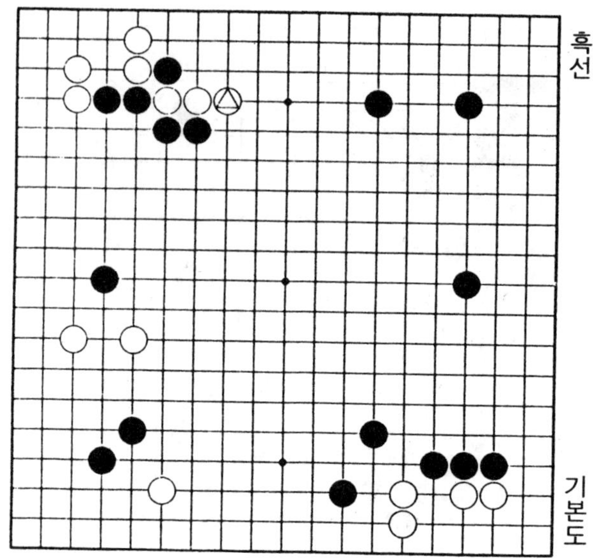

제 8 형

호각의 힘이라면 세 점으로 30집 이길 수 있다

석 점 접바둑이다.

프로 기사가 접바둑을 놓으면 어떤 바둑이 될까 하는 시험이 있었다. 이 바둑은 9단인 내가 I사단에 세 점 놓고 있다.

이 시험에서는 놓인 돌 하나에 대해 10집 정도 차이가 있다. 네 점이라면 40집 흑 승리, 다섯 점이라면 50집 승리다. 따라서 세 점이라면 30집 정도 이길 수 있다는 것이지만, 놓인 돌의 돌수가 줄면 좀 어렵다. 그러나 그것에 도전해 보았다.

좌상 ◬의 뻗기는 실전을 바꾼 형이다. 여기에서 다음 흑의 수가 문제. 당신은 어떤 구상을 세우겠는가.

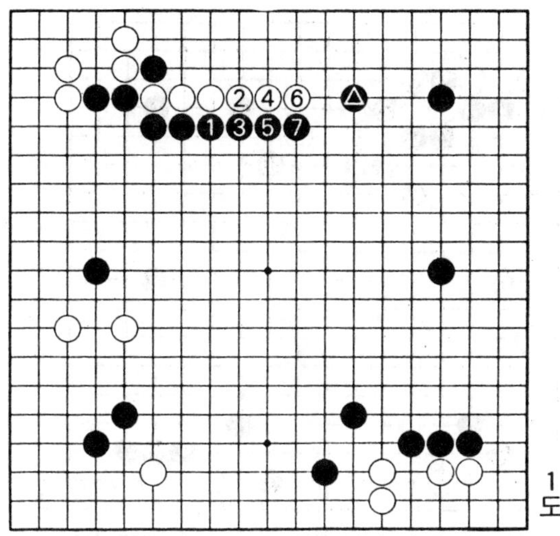

1도

다음 한 수는 흑 1 의 누르기이다.

백 2 의 뻗기에는 흑 3 에서 7 까지, 단숨에 상변을 넣어 버린다. 백의 집은 마음에 걸리지 않는다. ▲이 작용하여 백집의 넓이는 제한되고 있다.

흑 7 까지의 두꺼운 맛으로 우변의 흑 모양은 백 집 이상. 흑은 50 집 정도로 이길 수 있을 것이다.

참고도 1

좌변을 걱정하여 흑 1 등으로 지키는 것은 큰 악수. 백 2 의 구부리기를 놓이는 만큼 우변의 흑 모양이 크게 줄어버린다.

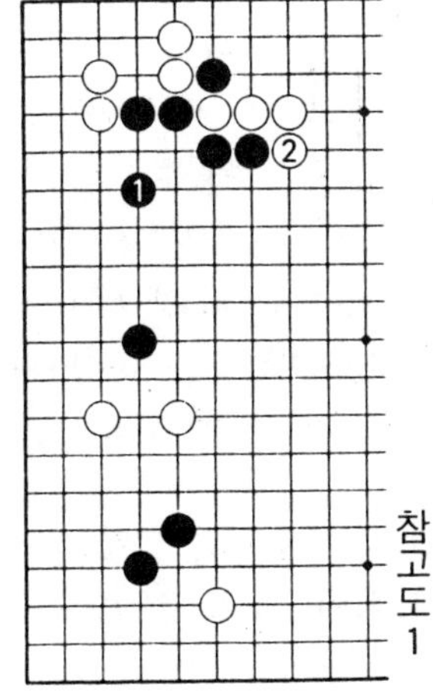

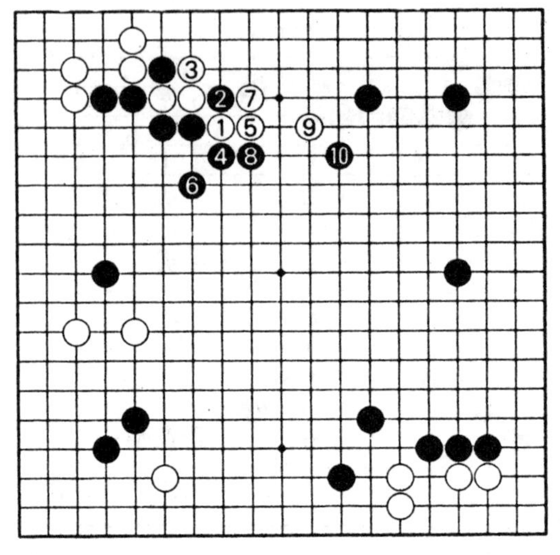

2
도

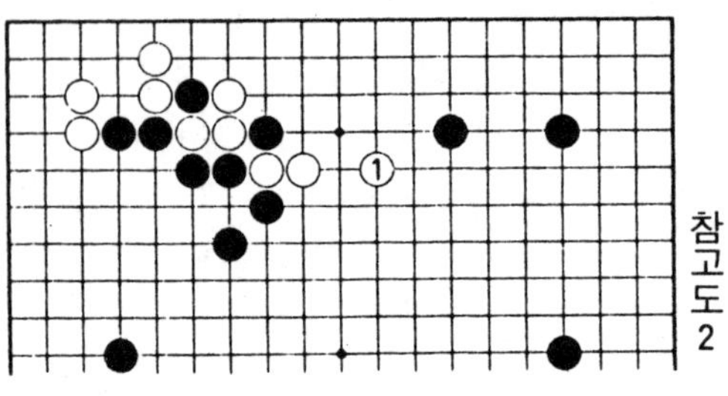

참
고
도
2

2 도

실전의 경과를 설명해 보자.

백 1 에서 2 의 뻗기는 흑 1 에서 백이 대패이다. 백은 1 로 젖혀 반발한 때. 흑 4 · 6 뒤 백 7 이 문제였다. 흑 8 · 10 으로 백을 봉쇄하여 1 도 만큼은 아니더라도 모양이 커져, 30집은 편안히 이길 수 있는 국세이다.

참고도 2

2 도 백 7 에서 백 1 로 뛰어 있으면 백은 봉쇄되지 않는다. 승패는 별도로 하고, 숨이 긴 바둑이 되어 있다. 이 바둑은 흑의 41집 승리였다.

판 권
본사
소 유

이것만 알면 당신이 백을 쥔다

2012년 5월 25일 인쇄
2012년 5월 30일 펴냄

지은이/ 武宮正樹
옮긴이/ 프로바둑연구회
펴낸이/ 최 상 일
펴낸곳/ 太乙出版社
서울특별시 중구 신당6동 52-107 (동아빌딩내)
등록/1973년 1월 10일(제4-10호)

＊잘못된 책은 구입하신 곳에서 교환해 드립니다.

■주문 및 연락처

우편번호 100-456
서울특별시 중구 신당6동 52-107 (동아빌딩 내)
전화 / 2237-5577 팩스 / 2233-6166
ISBN 89-493-0373-6   13690